종이로 만드는 기차의 역사

KB161204

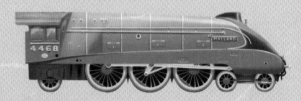

CONTENTS

종이로 만드는 기차의 역사

2판 1쇄 발행 | 2021년 9월 15일

지은이 필립 스틸, 케이스 하코트
페이퍼 엔지니어 제프 레이너
옮긴이 마도경
펴낸이 김기옥

실용본부장 박재성
편집 실용1팀 박인애
영업 김선주
커뮤니케이션 플래너 서지운

펴낸곳 한스미디어(한즈미디어(주))
주소 121-839 서울시 마포구 양화로 11길 13(서교동, 강원빌딩 5층)
전화 02-707-0337 | 팩스 02-707-0198 | 홈페이지 www.hansmedia.com
출판신고번호 제 313-2003-227호 | 신고일자 2003년 6월 25일

ISBN 979-11-6007-696-7 13690

책값은 뒤표지에 있습니다.
잘못 만들어진 책은 구입하신 서점에서 교환해 드립니다.

옮긴이 **마도경**
경희대학교 사학과를 졸업했다. 시사영어사, 예음, 한겨레출판사 등에서 편집장을 역임했으며, 현재 번역에이전시 엔터스코리아에서 출판 기획 및 전문번역가로 활동 중이다.
주요 역서로는 호머 헐버트의 『한국사 드라마가 되다』(공역), 존 로크의 『시민정부론』, 성 어거스틴의 『고백록』, 조지 오웰의 『동물농장』, 로버트 루이스 스티븐슨의 『지킬 박사와 하이드 씨』, 마크 트웨인의 『톰 소여의 모험』, 보리스 파스테르나크의 『닥터 지바고』, 안톤 체호프의 『체호프 단편선』, 해리엇 비처 스토의 『엉클 톰스 캐빈』 등이 있다.

기차 모형을 만드는 방법

각 모형을 만드는 데 필요한 설명은 103~115페이지에 있다. 하지만 조립을 시작하기 전에 다음 기본 테크닉을 익혀 둔다면 매우 유용할 것이다.
103~115쪽 설명과 완성된 모형 사진을 참고로 기관차의 몸통을 만든다.
각이 많이 지거나 현대식 기관차일수록 구식 증기기관차보다 접히는 부분이 많다. 구식 기관차들은 더 작지만, 더 많은 장치로 이루어져 있다. 대부분의 기관차에는 탱크가 붙어 있다.

모양 만들기

탱크를 만들려면 끝 부분을 둘둘 만 다음 탭을 탱크의 안쪽으로 끼워야 한다. 명심하자. 바깥쪽이 아니다. 탭들은 서로 맞물리게 만들어졌기 때문에 탱크 크기가 잘 맞지 않을지 걱정할 필요는 없다.

곡면의 처리

굴뚝 같은 작은 장치들을 둘둘 말 때에도 위와 똑같은 방법을 쓰면 된다. 어떤 장치들은 뻣뻣해서 잘 안 말리기도 하는데, 그럴 때는 종잇조각을 연필에 둘둘 말아 동그랗게 만든 다음 모형을 조립하면 된다.

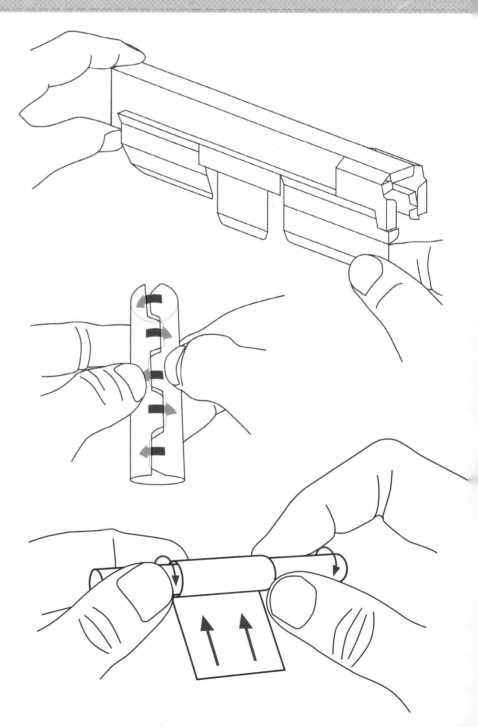

머리말

철도 이야기에는 사람의 욕망이 담겼다. 철도는 공학 기술, 돈, 영토와 관련이 있다. 그러면서도 항상 대중의 머릿속에 로맨스, 멀리 떠나는 여행의 설렘, 속도, 흥미로운 구경거리, 그리고 권력의 꿈 등을 불러일으켰다.

기차보다 선로가 먼저 생겼다. 로마인들은 표준 궤간(軌間, 약 143.5센티미터—옮긴이)에 맞춘 마차를 제작했고, 그 바퀴들이 석조 도로의 홈처럼 파인 곳으로 구르게 했다. 이 장치는 무거운 짐을 빠르고 안전하게 운반하는 데 효과적이었다. 뒤이어 1500년대 유럽의 광부들은 목조 선로를 만들었다. 1700년대에는 쇠로 철로를 만들었고 말들이 선로 위의 무거운 마차들을 끌었다. 최초의 증기엔진은 이 무렵에 개발되었다. 하지만 증기기관차가 실용화되기 위해 제임스 와트라는 공학 기술의 천재를 기다려야 했다.

공식적인 철도의 시대는 1804년에 시작되었다. 이때 리처드 트레비식이 제작한 기관차가 웨일스의 한 제철소에서 철로를 따라 상당한 무게의 짐을 운반했다. 그리고 1830년부터 영국 리버풀과 맨체스터 사이에 신설된 철로를 따라 운행되

었던 스티븐슨 로켓(Stephenson's Rocket) 기관차는 철도의 밝은 미래를 예고했다. 연기를 푹푹 뿜으며 달리는 이 진귀한 괴물은 곧 영국 전역, 유럽, 나아가 북아메리카 대륙까지 진출했다. 이것은 당시 최고조에 달했던 산업혁명의 산물이었다. 기관차 제작 기술은 교량·협곡·터널 건축술과 함께 급속히 발전해갔다.

1840년대 말까지 미국 한 나라에서만 총 1만 5,000킬로미터 가까운 철로가 깔렸다. 당시는 제국과 탐험의 시대였다. 이런 배경에서 철로는 짧은 시간 안에 인도, 중국, 아프리카, 오스트레일리아, 러시아, 남아메리카 등의 평원에 깔리기 시작했다. 그리고 1863년에는 런던에 최초의 지하 철로가 건설되었다.

조립

책 뒤에 있는 설명서와 사진을 참조하여 기관차들을 조립해보자. 원 숫자는 조립의 각 단계를 나타낸다. 대부분의 조각은 풀로 붙여야 하나, 그냥 결합되는 것들도 있다(아래 그림 참조). 숫자는 부속품들을 조립하는 순서를 나타내므로 순서대로 조립하면 된다.

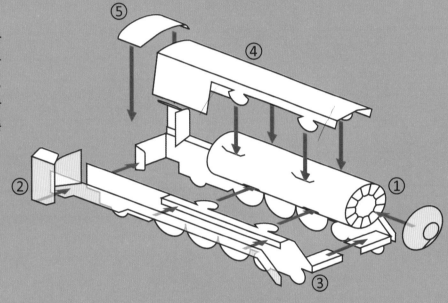

탭

두 개의 부속품을 결합할 때 탭을 부드럽게 끼워 맞추면 단단히 고정된다.

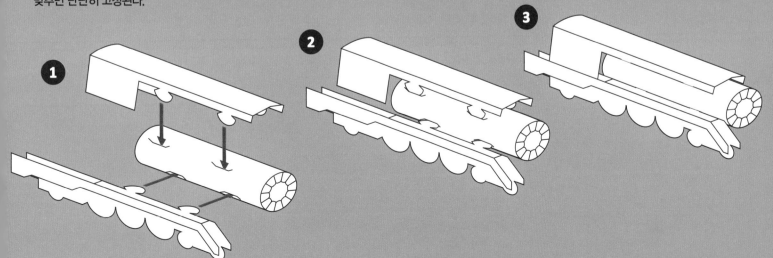

기차의 등장으로 경제와 사회가 바뀌었다. 증기기관차는 출현 당시 대중들에게 두려움과 혐오의 대상이었다. 그러다 점차 친숙한 존재로서 사람들의 마음속에 자리 잡았다. 증기를 이용한 교통수단은 그 역할을 마치고 은퇴한 지 오래다. 하지만 전 세계인들은 깊은 향수와 애정을 가지고 이것을 대하고 있다.

증기기관차 이후 과학적 효율성을 추구하는 기술자들은 끊임없이 새로운 형태의 교통수단을 실험했다. 이미 1837년 스코틀랜드에서 전기기관차가 제작되었다. 하지만 폰 지멘스가 베를린에서 여객열차를 시연함으로써 본격적인 전기의 시대가 열렸다.

휘발유를 연료로 쓰는 내연기관(內燃機關)이 기차용으로 개조되었지만 효과적이지 않았다. 그 대신 루돌프 디젤 박사가 1892년에 개발한 압축점화엔진이 1920년대와 1930년대 실용적인 대안이 되었다. 디젤엔진은 기관차나 열차를 움직이는 동력을 효율적으로 생산했다.

디젤기관차가 발명되었음에도 영국의 주요 간선 철도에서는 계속 증기기관차가 달렸다. 1938년 LNER 클래스 A4 4468 맬러드(Mallard)는 시속 202.58킬로미터로 달려, 역사상 가장 빠른 증기기관차로 기록되었다. 1930년대에는 증기기관차와 디젤-전기식 열차들이 모두 유선형 몸체, 속도, 스타일, 화려함으로 유명해졌다.

1950년대는 사람들이 온통 자동차에 정신이 팔려 있던 시대다. 하지만 기차도 발전했다. 더 경제적인 디젤-전기기관차가 증기기관차의 바통을 이어받아 드디어 철로를 장악했다. 이로써 철도 역사는 실용적인 시대로 접어들었다. 1970년대와 1980년대에는 놀라운 기술적 발전이 이루어졌다. 이에 힘입어 일본의 '탄환열차'와 프랑스의 TGV 등 전기로 움직이는 새로운 고속 여객열차가 등장했다. 철도 역사에서 가장 극적인 신기원은 아마도 자기부상(磁氣浮上) 원리일 것이다. 이 기술 덕분에 우리는 철도에서 '도' 자를 빼야 할지 고민하게 되었다. 오늘날 상하이의 초고속 자기부상열차(트란스라피드)는 포뮬러 원에 참가하는 경주용 자동차보다 빠른, 시속 430킬로미터 속도로 운행되고 있다. 이것은 1804년 리처드 트레비식이 힘들게 기록한 속도보다 50배 정도나 빠르다!

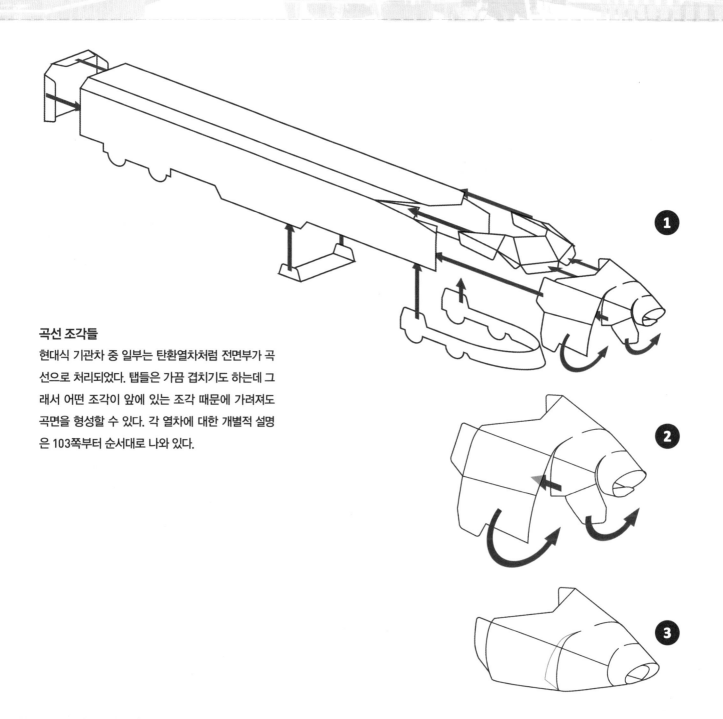

곡선 조각들

현대식 기관차 중 일부는 탄환열차처럼 전면부가 곡선으로 처리되었다. 탭들은 가끔 겹치기도 하는데 그래서 어떤 조각이 앞에 있는 조각 때문에 가려져도 곡면을 형성할 수 있다. 각 열차에 대한 개별적 설명은 103쪽부터 순서대로 나와 있다.

1804 트레비식 페니다렌 Trevithick Pen Y Darren

트레비식 페니다렌은 철도의 역사를 연 기관차다. 1804년 2월, 70명의 승객과 10톤의 철을 실은 5량의 화차는 웨일스의 페니다렌 제철소에서 출발하여 애버사이논(Abercynon)까지 기념비적 운행을 했다. 이 열차는 철로가 지탱하기에는 무거웠다. 하지만 운행을 무사히 완주함으로써 소유주인 사무엘 홈패이가 거액의 내깃돈을 따게 해주었다.

트레비식의 성공은 산업의 발전을 가속화했다.

3

1804 트레비식 페니다렌

특징

- 유형: 증기기관차 0-4-0(숫자는 증기기관차의 바퀴 배열 형태임)
- 제작사: 리처드 트레비식
- 철도회사: 영국 웨일스, 페니다렌 트램로드 철도회사
- 궤간: 91.5센티미터, 평저(平底) 레일
- 최고속도: 시속 8킬로미터

트레비식 페니다렌

리처드 트레비식은 한 개의 실린더가 수평으로 설치되어 있고, 피스톤 봉이 긴 기관차를 설계했다. 이 기관차에는 지름 244센티미터의 거대한 플라이휠(기계나 엔진의 회전속도에 안정감을 주기 위한 무거운 바퀴—옮긴이)이 연결되어 있는데, 이것은 열차 운행을 제어하는 역할을 했다. 중앙 톱니는 동력을 구동륜(驅動輪)에 전달한다. 이 기관차는 시속 3.9킬로미터 정도의 평균 속도로 달렸다. 그래서 이 역사적 운행은 무려 4시간이 걸렸다!

런던에 전시된 트레비식의 '캐치—미—후—캔(Catch-Me-Who-Can)' 열차(1808년)

4

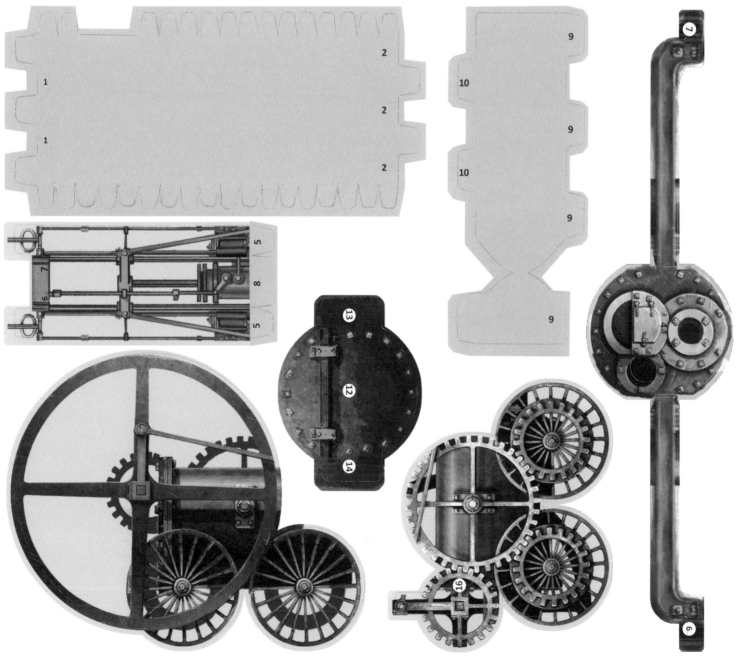

1829 스티븐슨 로켓 Stephenson's Rocket

철도의 개척자로 알려진 조지 스티븐슨과 그의 아들 로버트 스티븐슨이 이 혁명적인 기관차를 설계했다. 1829년 리버풀 시 인근의 레인힐에서 열린 트라이얼스라는 유명한 경연대회에 출품하기 위해서이다. 이 대회에서 우승한 기관차는 리버풀과 맨체스터 간에 새로 건설될 노선의 기관차로 채택될 예정이었다.

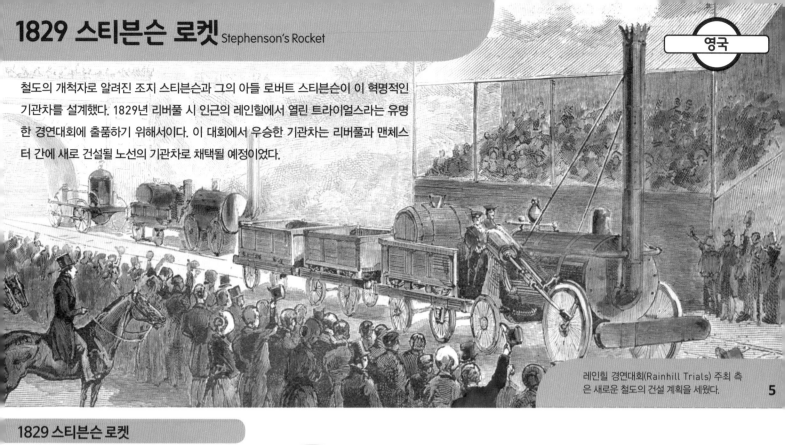

레인힐 경연대회(Rainhill Trials) 주최 측은 새로운 철도의 건설 계획을 세웠다.

1829 스티븐슨 로켓

특징

- 유형: 증기기관차 0-2-2
- 제작사: 타인 강변의 뉴캐슬, 로버트 스티븐슨 사
- 철도회사: 영국, 리버풀&맨체스터 철도회사(LMR)
- 궤간: 143.5센티미터
- 최고속도: 시속 45킬로미터

스티븐슨 로켓

스티븐슨 로켓은 증기기관차의 미래를 연 열차였다. 이 열차는 석탄보다 깨끗한 코크스를 연료로 사용했다. 이 열차의 보일러실에는 여러 개의 연관(煙管)이 설치되었고, 구동륜은 두 개였다. 송풍관이 배출 증기를 높은 굴뚝으로 보내어, 연료 연소 후 환기를 했다.

두 개의 실린더가 로켓의 외부에 비스듬히 설치되어 있다.

6

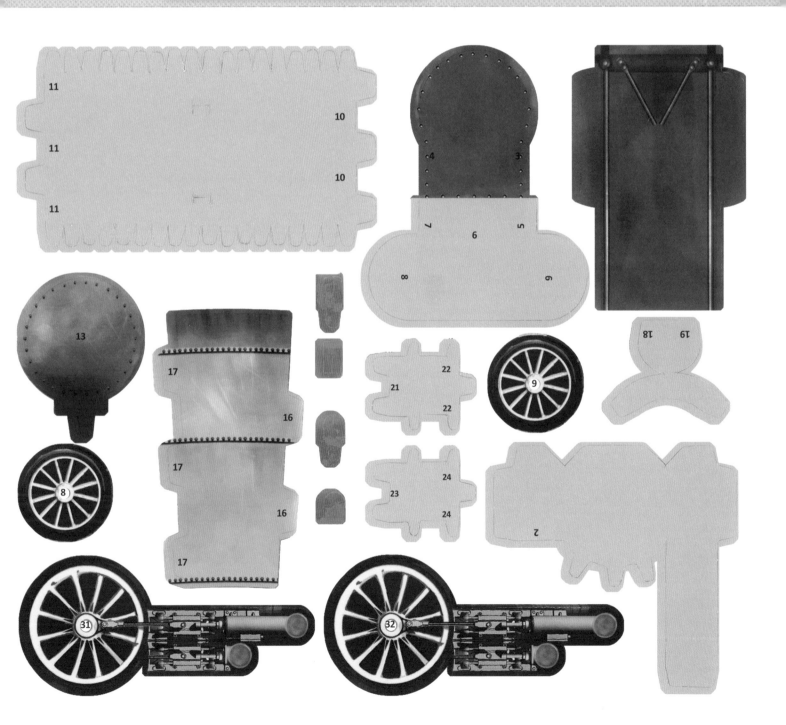

베스트 프렌드 오브 찰스턴은 100퍼센트 미국산 기관차이다. 이 기관차는 뉴욕의 한 주물공장에서 배에 실려 남하한 뒤, 1830년 크리스마스에 사우스캐롤라이나 주 찰스턴에 설치된 시범 선로 위에서 처음 운행되었다. 이 열차는 그 당시로서는 빠른 속도로 사람들의 갈채를 받았다. 또한 스케줄에 따라 정기적으로 운행한 최초의 미국 열차로 기록되었다.

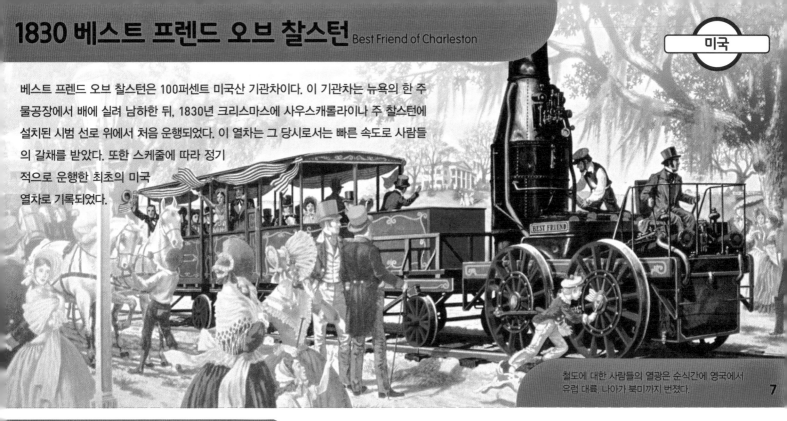

철도에 대한 사람들의 열광은 순식간에 영국에서 유럽 대륙, 나아가 북미까지 번졌다.

7

1830 베스트 프렌드 오브 찰스턴

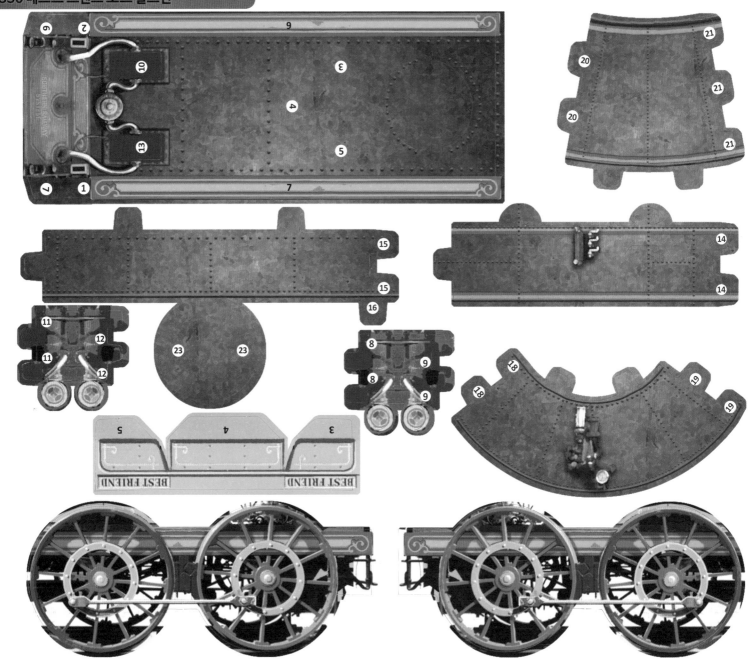

특징
- 유형: 증기기관차 0-4-0
- 제작사: 뉴욕, 웨스트포인트 주물공장
- 철도회사: 사우스캐롤라이나 캐널&레일로드 컴퍼니
- 궤간: 152.4센티미터
- 최고속도: 시속 40킬로미터

베스트 프렌드 오브 찰스턴

베스트 프렌드 오브 찰스턴에는 수직형 보일러와 두 개의 실린더가 설치되었다. 이 열차는 안타깝게도 경적 때문에 단명하고 말았다. 1831년 6월 17일 한 경솔한 화부가 소음을 줄이기 위해 열차의 안전밸브를 닫아 버렸다. 그 결과 보일러가 폭발하여 그 화부는 죽고 기관사는 심한 화상을 입었다. 기관차 잔해 중 일부는 새 기관차를 제조하는 데 쓰였고, 새 기관차에는 피닉스(불사조)라는 이름이 붙었다.

사람들은 베스트 프렌드 여객열차가 "바람의 날개를 타고 달렸다"고 표현하곤 했다.

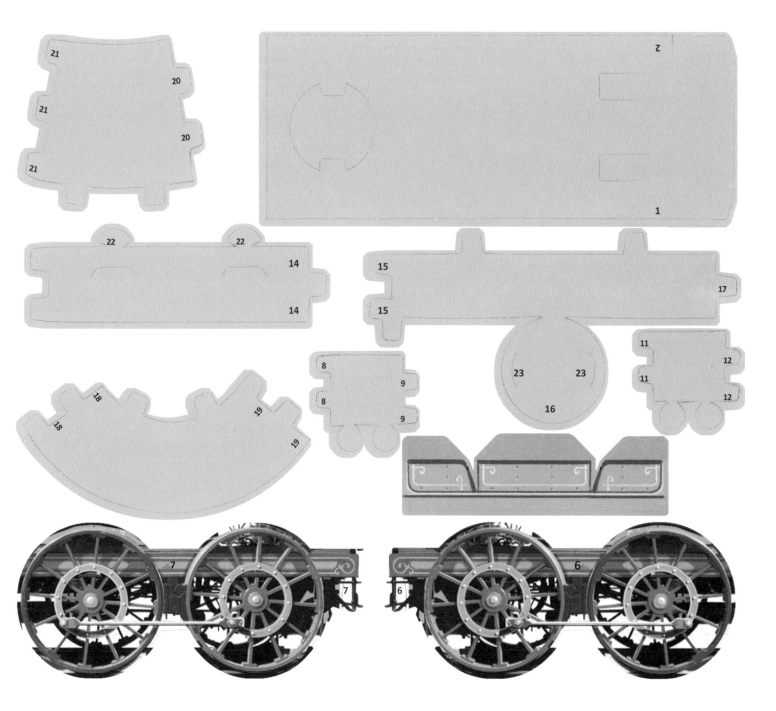

1837 볼티모어&오하이오 라파예트 Baltimore&Ohio Lafayette

필라델피아에서 활동하던 윌리엄 노리스와 셉티머스 노리스 형제는 이 기관차들을 유럽과 남아메리카
의 나라들에 수출함으로써 미국식 설계방식을 국제적으로 유명하게 만들었다. 이 초창기 기관차는
미국 독립전쟁 때 활약했던 마르키스 데 라파예트 장군의 이름을 따왔다. 그리고
이 열차는 영국의 영향이 강했던 설계방식에서 벗어남으로
써 미국의 독립을 상징적으로 '축하'했다.

이 선구적인 설계방식은 대량생산에 적합하도록 표준
화되었고, 열차의 미래를 열었다는 평가를 받는다.

1837 볼티모어&오하이오 라파예트

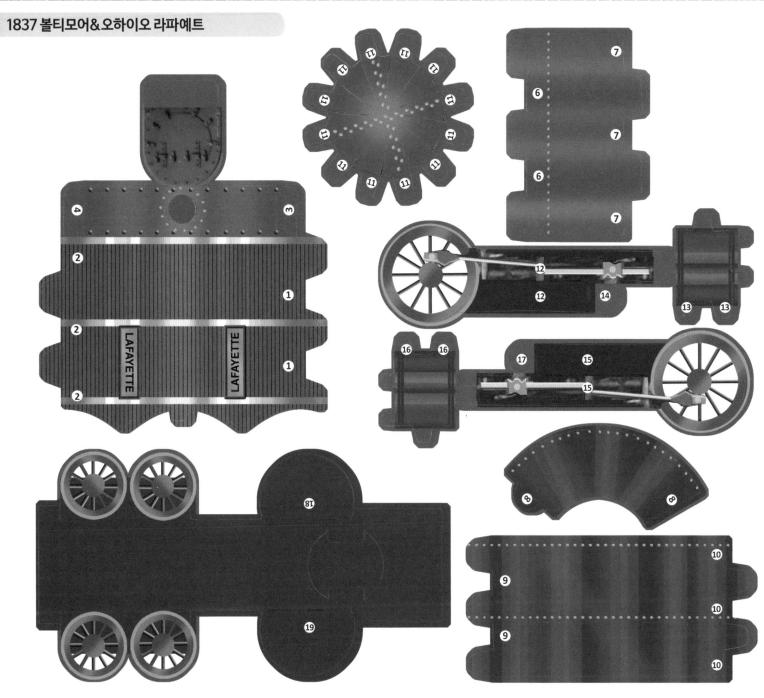

특징

- 유형: 증기기관차 4-2-0
- 제작사: 필라델피아, 노리스 기관차제작소
- 철도회사: 볼티모어&오하이오 레일로드(B&O)
- 궤간: 143.5센티미터
- 최고속도: 시속 48킬로미터

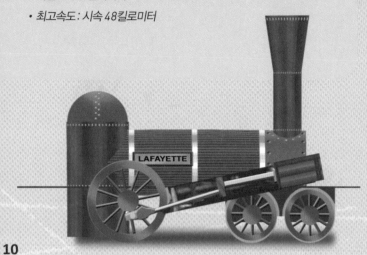

초기의 객차는 4륜 마차와 똑같은 형태로 제작되었다.

볼티모어&오하이오 라파예트

라파예트 기관차에는 수평식 보일러가 설치되었고, 실린더는 연실(煙室) 전면에 위치를 두었다. 열차 전면에는 회전식 4륜 무개화차가 붙어 있었다. 북미 대륙에 깔렸던 초창기 선로들은 완벽하게 수평을 이루지 못한 것들이 많았는데, 이런 실험적인 바퀴 형태는 열차 탈선사고를 줄이는 데 도움이 되었다.

영국 최초의 왕실열차는 1842년 6월 13일 빅토리아 여왕을 태우고 슬라우(잉글랜드 버크셔 주 북동부의 공업도시-옮긴이)에서 웨스트 런던 패딩턴에 있는 종착역까지 운행했다. 당시 기관차부의 책임자였던 다니엘 구치(Daniel Gooch)가 운전한 파이어플라이급 광궤(廣軌)식 증기기관차 플레게톤(Phlegethon)이 호화 객차들을 끌고 달렸다.

빅토리아 여왕이 왕실객차 안에서 프랑스의 루이 필립(Louis Philippe) 왕을 환대하고 있다.

11

1842 빅토리아 여왕의 왕실열차

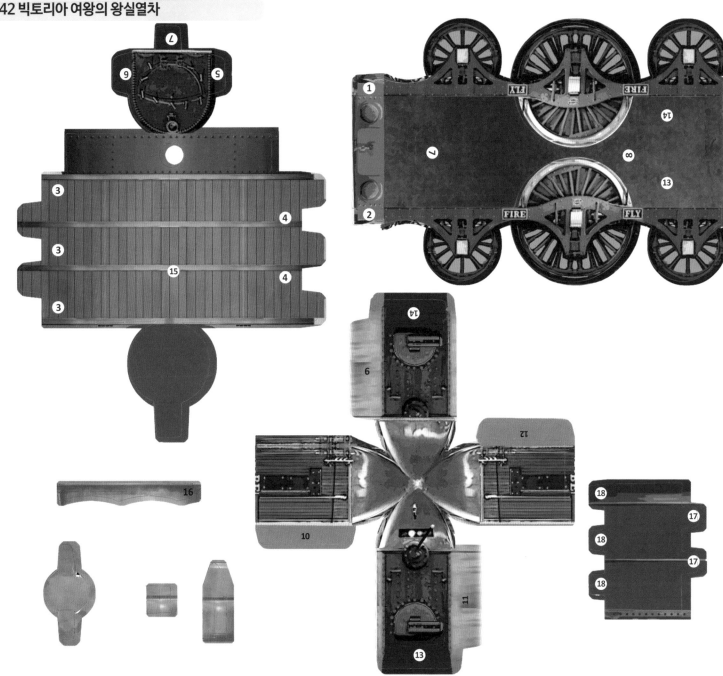

특징

- 유형: 고급 객차와 GWR 파이어플라이급 증기기관차 2-2-2
- 제작사: 영국 리즈, 머레이&잭슨, 펜턴 사
- 철도회사: 잉글랜드, 그레이트 웨스턴 레일웨이(GWR)
- 궤간: 213센티미터
- 최고속도: 시속 97킬로미터

빅토리아 여왕은 긴 통치기 동안, 열차를 이용해 많은 곳을 여행했다.

빅토리아 여왕의 왕실열차

빅토리아 여왕은 평소 자신은 '반 시간짜리 기차여행'을 매우 좋아하며, 부군인 앨버트 공은 철도를 비롯한 신기술의 열렬한 후원자라고 말했다. 이런 왕실의 후원에 힘입어 철도여행의 지위가 올라갔고, 호화 열차의 도입이 촉진되었다.

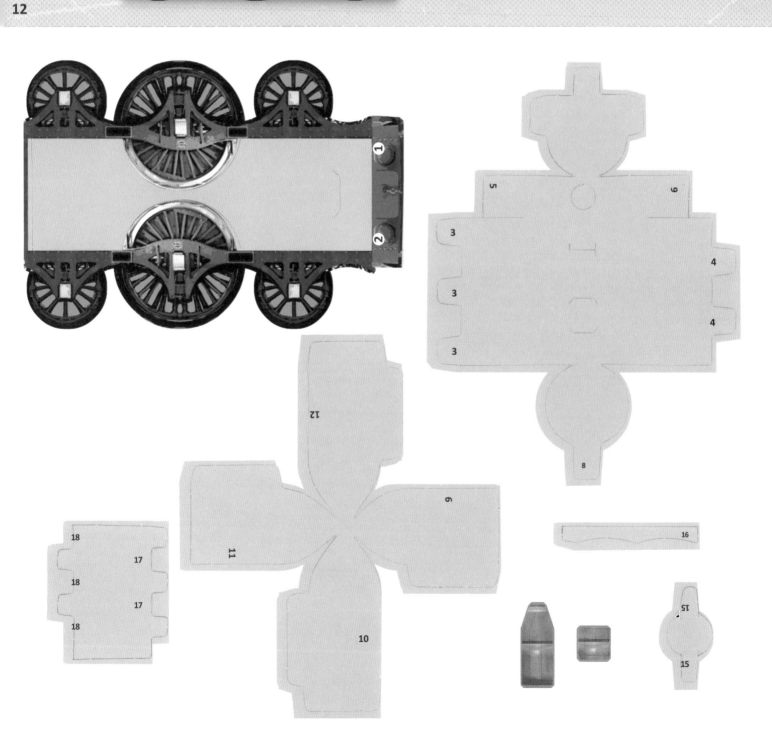

1864 메트로폴리탄 철도 Metropolitan Railway

초창기의 지하철을 끄는 데에도 증기기관차들이 사용되었다. 이런 증기기관차 중에는 냉각기가 장착된 것들도 있었다. 기관차들은 이 장치를 이용해 증기를 재사용함으로써 터널 내부에 배출되는 연기의 양을 줄일 수 있었다. 1864년에 운행된 최초의 메트로폴리탄 열차는 그레이트 웨스턴 레일웨이 사가 제작한 광궤식 바퀴를 사용했다. 이 표준궤간식 탱크기관차(연료와 물을 적재한 증기엔진-옮긴이)는 1898년에 제작된 메트로폴리탄 E 클래스 열차이다.

1898년에 제작된 메트로폴리탄 철도 E 클래스, 제1호 열차.

13

1864 메트로폴리탄 철도

특징

- 유형: 지하용 증기기관차
- 제작사: 영국, 메트로폴리탄 레일웨이 네아스던 제작소(Metropolitan Railway Neasden Works)
- 철도회사: 런던, 메트로폴리탄 언더그라운드 레일웨이
- 궤간: 144센티미터
- 허용 속도: 시속 80킬로미터

메트로폴리탄 철도

초창기 지하철은 증기기관차들이 끌고 달렸다. 다니엘 구치가 설계한 최초의 기관차는 그레이트 웨스턴 레일웨이 사가 제작한 광궤 바퀴를 사용했다. 탱크기관차는 자체에 물탱크를 끌고 다녔기 때문에 별도의 탄수차(炭水車)에서 물을 보급받지 않아도 됐다.

이 포스터는 1910년부터 사용되었는데, 이 무렵 런던의 지하를 달리고 있던 대부분의 열차는 이미 전철화되어 있었다.

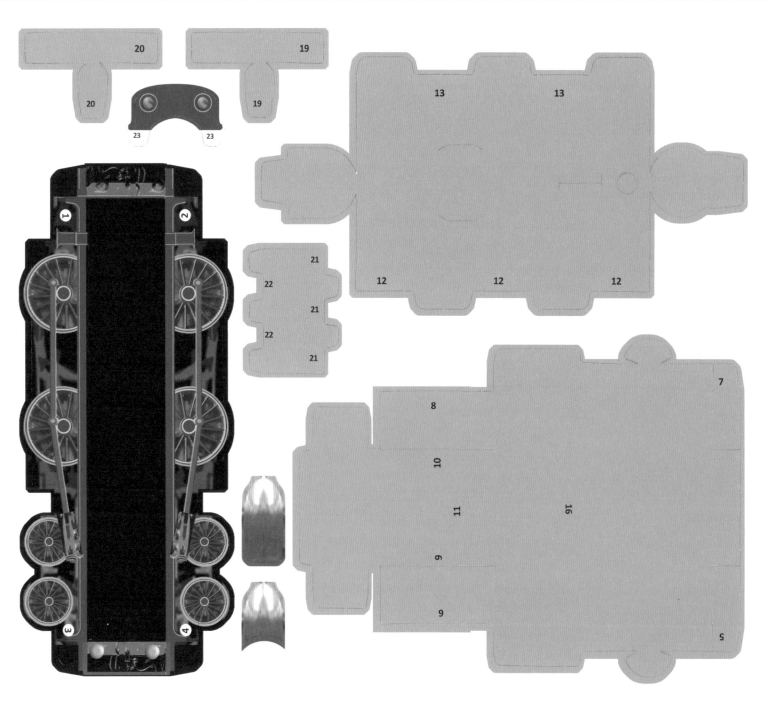

주피터가 유명한 이유는 1869년 5월 10일, 최초의 대륙횡단철도가 공식적으로 완공된 날 그 현장에 있었기 때문이다. 동부에서 출발한 유니언 퍼시픽 레일로드 건설 노동자들은 서진(西進)을 계속한 끝에 유타 주의 프로몬토리 서밋(Promontory Summit)이라는 곳에서 동쪽으로 철로를 깔며 오던 센트럴 퍼시픽 사의 노동자들과 만났다.

동부 지역의 철로망이 태평양 연안까지 연결됨으로써, 전체 미국인들의 삶이 바뀌게 되었다.

15

1868 센트럴 퍼시픽 60호 주피터

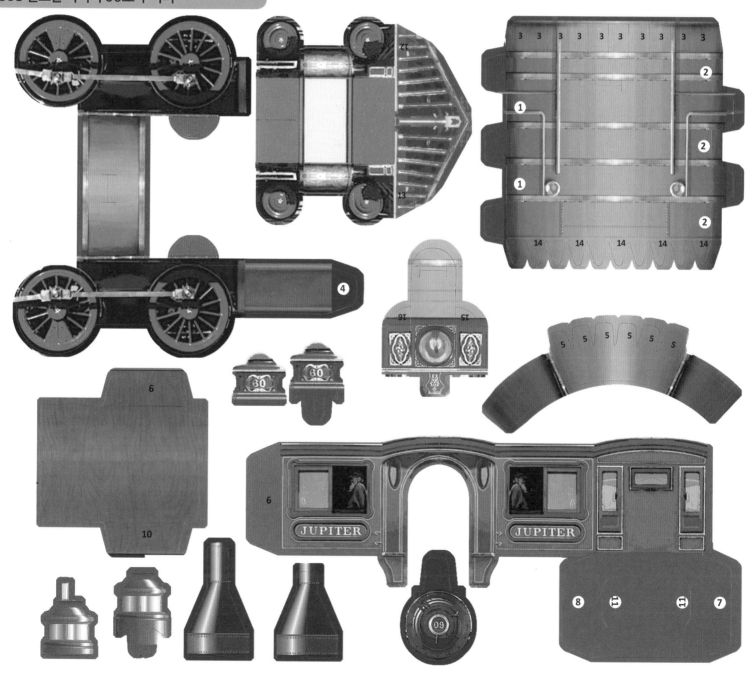

특징

- 유형: 증기기관차 4-4-0
- 제작사: 뉴욕, 스케넥터디 기관차제작소(Schenectady Locomotive Works)
- 철도회사: 센트럴 퍼시픽 레일로드(CPRR)
- 궤간: 144센티미터
- 최고속도: 시속 97킬로미터

센트럴 퍼시픽 60호 주피터

주피터는 1890년대까지 미국 철도 대부분에 사용되었던 전형적인 미국산 기관차이다. 이 기관차의 선두에는 라파예트(9쪽 참조)가 처음 시도한 4륜식 무개화차가 붙어 있었다. 주피터는 나무를 연료로 사용했고, 여기에 장착된 거대한 '풍선형' 굴뚝은 불꽃이 사방으로 튀는 것을 방지하도록 설계되어 있었다. 기관차 전면에는 등잔 모양으로 만든 거대한 전조등이 설치되어 있었다.

프로몬토리에서 이루어진 철로 건설 인부들의 역사적인 조우

16

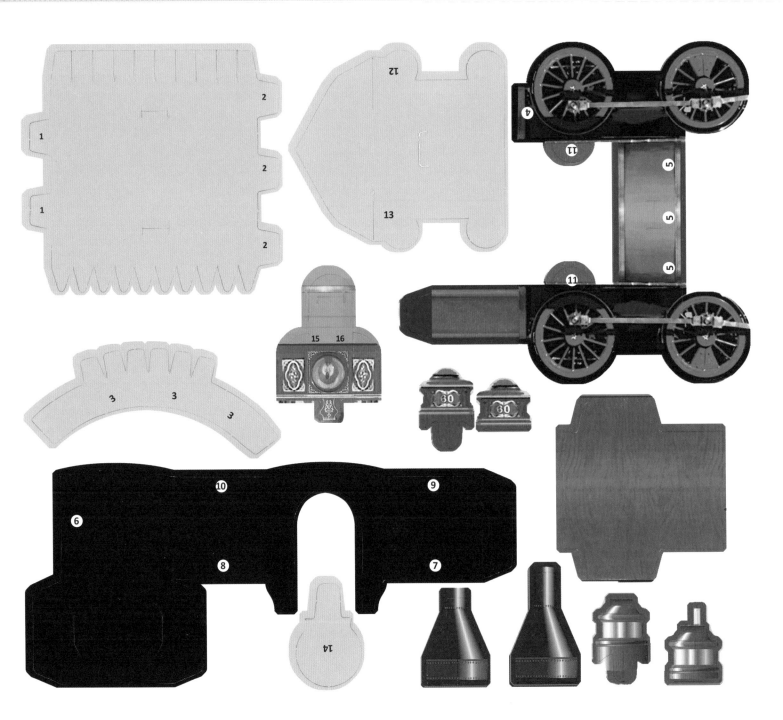

유니언 퍼시픽 119호는 1869년 프로몬토리 서밋에서 반대 방향 철도 노동자들이 만나는 역사적인 현장에 있던 또 다른 기관차였다. 대륙횡단철도의 마지막 두 구간은 이 역사적인 사건을 기념하는 의미에서 황금 대못(golden spike, 철로를 깔 때 쓰는 통나무와 철로를 고정시키는 대못을 '스파이크(spike)'라고 한다―옮긴이)으로 연결되었다. 미 동부의 여러 주와 멀리 서부 지역을 연결한 것은 실로 중요한 사건이었다. 하지만 1904년 무렵에는 프로몬토리를 우회하는 새로운 철도노선들이 생겨나기 시작했다.

기관차 전면에 장착된 철제 배장기(排障器, 선로의 장애물을 밀어 없애기 위해 기관차 앞에 붙이는 뾰족한 기구―옮긴이)가 철로의 장애물들을 치우는 역할을 했다.

17

1868 유니언 퍼시픽 119호

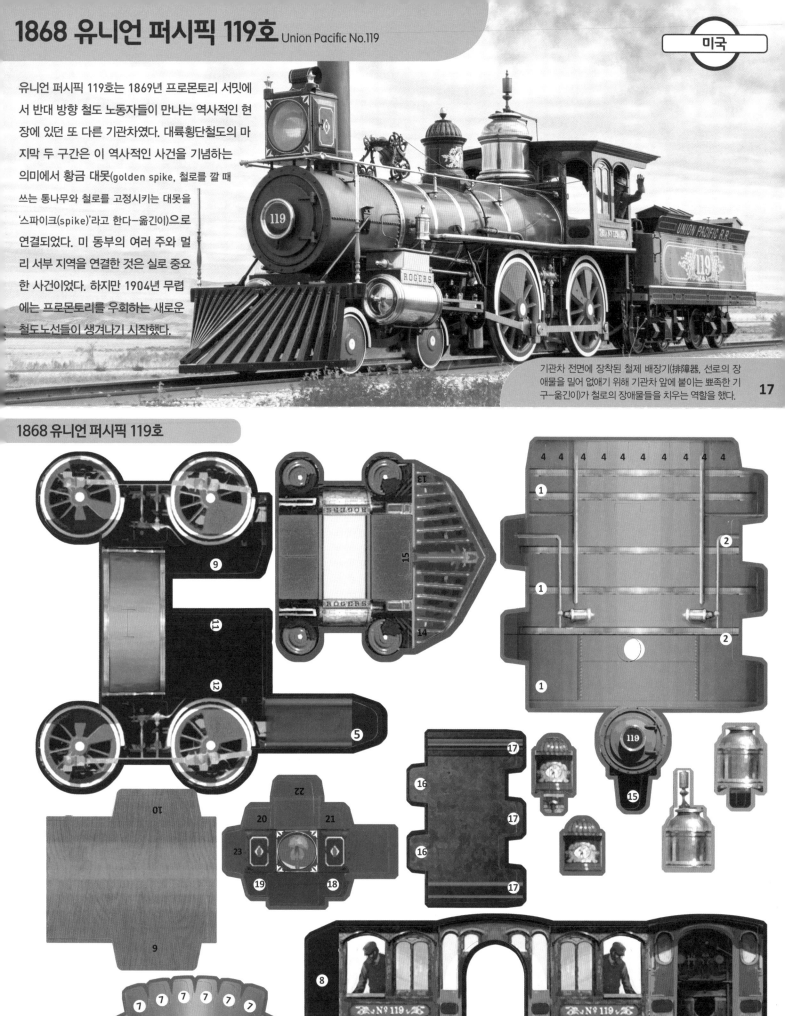

특징

- 유형: 증기기관차 4-4-0
- 제작사: 뉴저지 주 패터슨(Paterson), 로저스 기관차·기계제작소(Rogers Locomotive&Machine Works)
- 철도회사: 유니언 퍼시픽 철도(UP)
- 궤간: 144센티미터
- 최고속도: 시속 97킬로미터

대륙횡단철도를 잇는 마지막 구간들.

1868 유니언 퍼시픽 119호

유니언 퍼시픽 119호 기관차도 주피터(15쪽 참조)처럼 미국 서부 개척사의 가장 흥미진진했던 시기의 상징물이다. 이 기관차는 석탄을 연료로 사용했기 때문에 굴뚝이 '장총'처럼 매우 길었다.

18

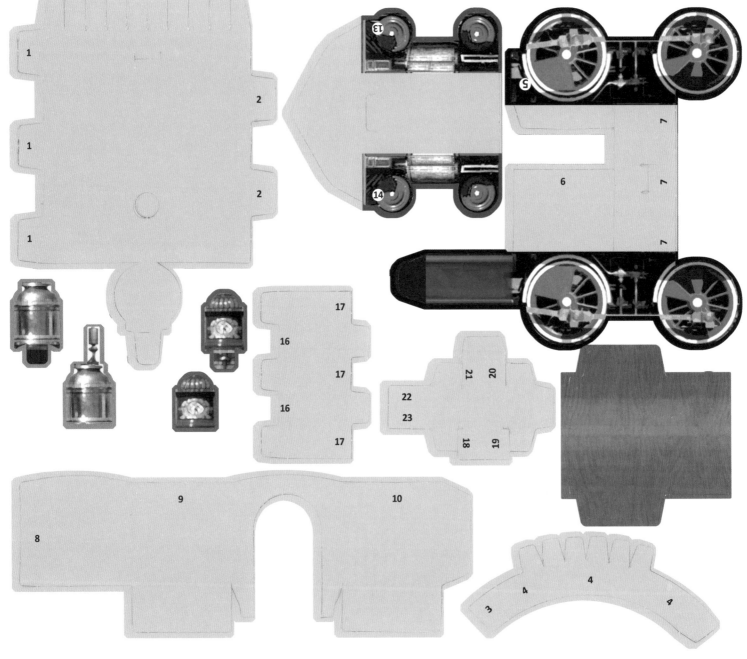

1881 지멘스 시내 전차 Siemens Streetcar

독일의 위대한 기술자이자 사업가인 에른스트 베르너 폰 지멘스는 1879년에 열린 베를린 만국박람회에서 세계 최초로 실험적인 전기기관차를 선보였다. 그는 베를린에 고가철도를 세우고 싶어 했으나, 당국으로부터 가설 허가를 받지 못했다. 그 대신 시내 전차를 제작하기로 결심했다. 이런 형태의 전차는 1880년 러시아의 상트페테르부르크(St. Petersburg)에서 이미 제작되었다.

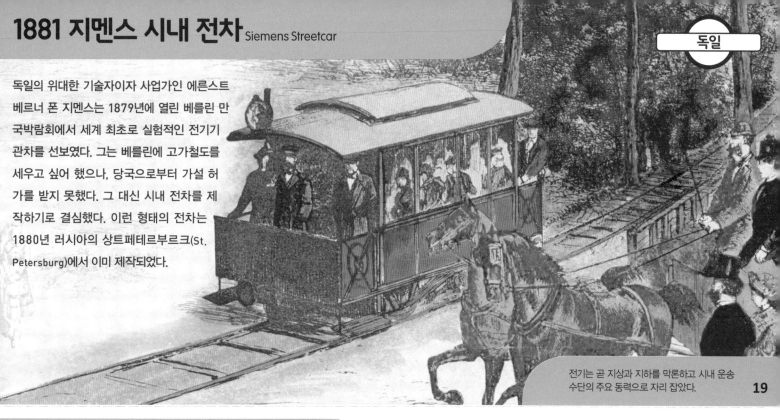

전기는 곧 지상과 지하를 막론하고 시내 운송 수단의 주요 동력으로 자리 잡았다.

1881 지멘스 시내 전차

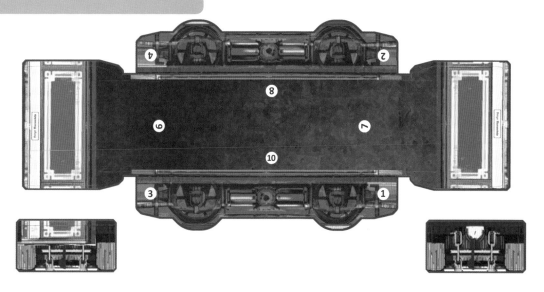

특징

- 유형: 시내 전차(電車)
- 제작사: 독일, 지멘스&할스케(Siemens&Halske)
- 철도회사: 베를린, 그로스-리히테르펠데 전차선로 사
- 궤간: 100센티미터
- 최고속도: 시속 19킬로미터

1903년 무렵, 베를린 시에는 시내 전차가 흔했다.

지멘스 시내 전차

지멘스가 설계한 열차에는 모두 180볼트에 DC 4킬로와트 전기모터가 하나씩 장착되어 있었다. 달리는 레일을 통해 전류가 공급되는 방식이었기 때문에, 리히테르펠데의 교외 지역을 운행할 때 다른 교통수단이나 보행자들과 거리를 둔 채 열차가 달려야 했다. 고가 전력선을 통해 전력을 공급하는 방식은 1891년에 처음 도입되었다.

20

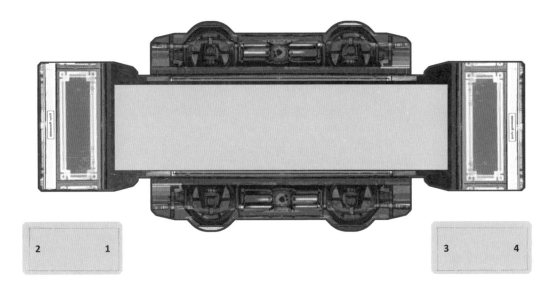

19세기가 깊어지면서, 철도는 아프리카와 아시아의 더욱 외진 지역으로까지 깊숙이 진출하기 시작했다. 인도는 세계에서 손꼽히는 철도 강국 중 하나가 되었다. 다르질링-히말라야 철도는 인도 철도회사(Indian Railways)에 의해 지금도 운행되고 있는데, 증기기관차와 디젤기관차를 모두 사용하고 있다. 이 노선은 굼(Ghum)에 이르면 해발 2,258미터까지 오르는데, 이 역은 인도에서 가장 고지대에 위치한 역이다.

지금도 B급 기관차들이 다르질링-히말라야 철도가 운영하는 '장난감 기차'의 디젤엔진에 나란히 붙어 있는 게 보인다.

21

1889 다르질링-히말라야 철도

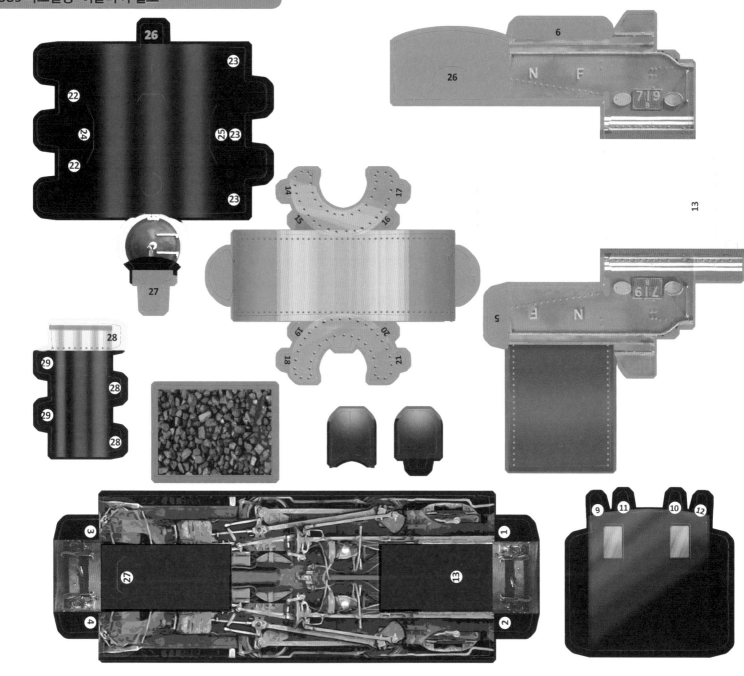

13

특징

- 유형: 증기기관차 0-4-OST
- 제작사: 스코틀랜드 글래스고, 샤프 스튜어트 사(Sharp, Stewart & Co)
- 철도회사: 인도 서벵갈, 다르질링-히말라야 철도(DHR)
- 궤간: 61센티미터
- 허용된 최고속도: 시속 14킬로미터

DHR 객차 내부의 모습

다르질링-히말라야 철도

1889년에서 1925년까지 DHR이 운영하는 '장난감 기차'를 위해 제작된 B급 협궤 기관차는 총 34대에 달했다. 이것들은 모두 이른바 안장형 탱크기관차들이어서, 보일러 위에 설치된 탱크에 물을 저장했고 2개의 외부 실린더가 장착되어 있었다.

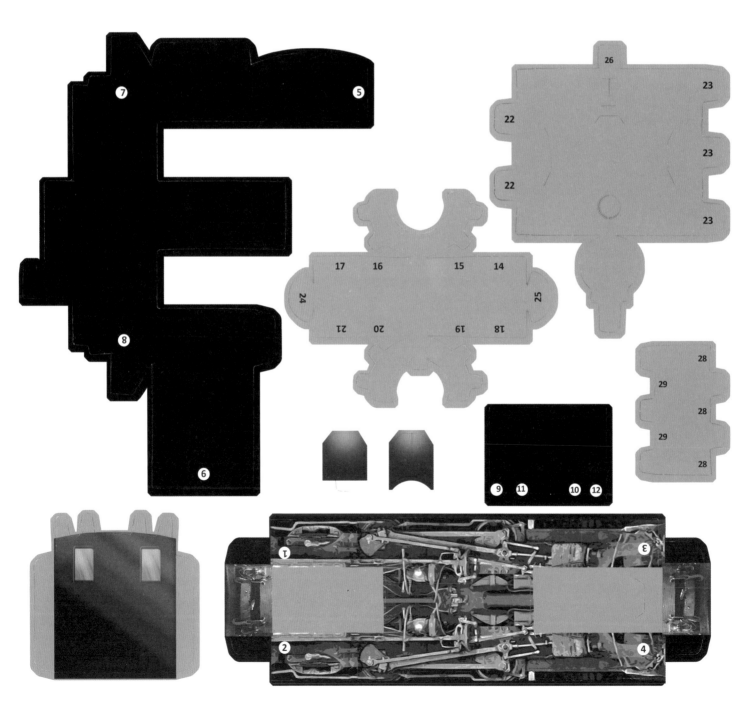

1898 융프라우 HE/22 Jungfrau HE/22

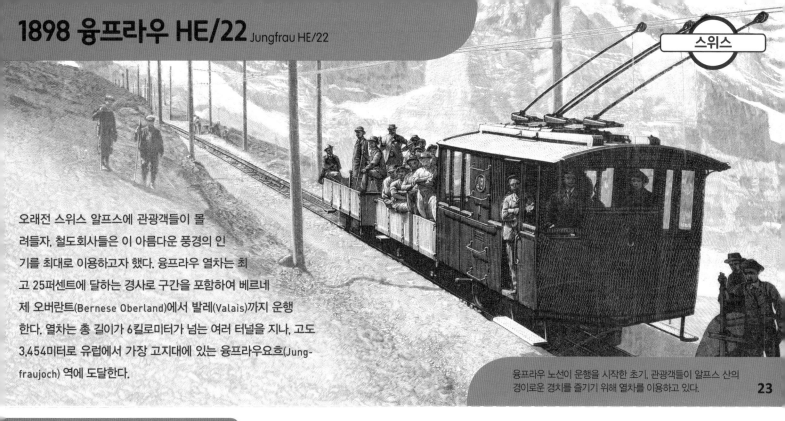

오래전 스위스 알프스에 관광객들이 몰려들자, 철도회사들은 이 아름다운 풍경의 인기를 최대로 이용하고자 했다. 융프라우 열차는 최고 25퍼센트에 달하는 경사로 구간을 포함하여 베르네제 오버란트(Bernese Oberland)에서 발레(Valais)까지 운행한다. 열차는 총 길이가 6킬로미터가 넘는 여러 터널을 지나, 고도 3,454미터로 유럽에서 가장 고지대에 있는 융프라우요흐(Jung-fraujoch) 역에 도달한다.

융프라우 노선이 운행을 시작한 초기, 관광객들이 알프스 산의 경이로운 경치를 즐기기 위해 열차를 이용하고 있다.

23

1898 융프라우 HE/22

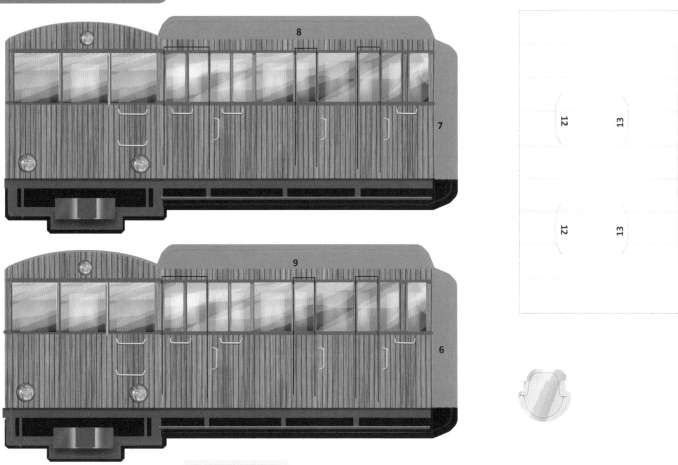

특징

- 유형: 랙 피니언 식(톱니바퀴와 막대가 맞물려 돌아가는 방식—옮긴이) 전동 열차
- 제작사: 스위스, 아돌프 가이어-젤러(Adolf Guyer-Zeller) 사
- 철도회사: 스위스 베른·발레, 융프라우반 철도회사
- 궤간: 100센티미터
- 최고속도: 시속 13킬로미터

융프라우 랙 철도 제1호

최초의 융프라우 철도에 투입된 기관차들은 40개의 객석에 4축으로 제작된 객차들과 연결되어 있다. 급경사를 오르는 문제를 해결하기 위해 스위스의 기술자 에밀 스트러브(Emil Strub)가 개발한 운행 시스템을 택했다. 이것은 톱니바퀴, 즉 피니언이 랙이라는 톱니가 패인 레일에 맞물려 돌아가게 하는 방식이다. 요즘 사용되는 모터들은 하강 시, 전기를 절약하기 위해 발전 모드로 전환된다.

랙 피니언식 선로

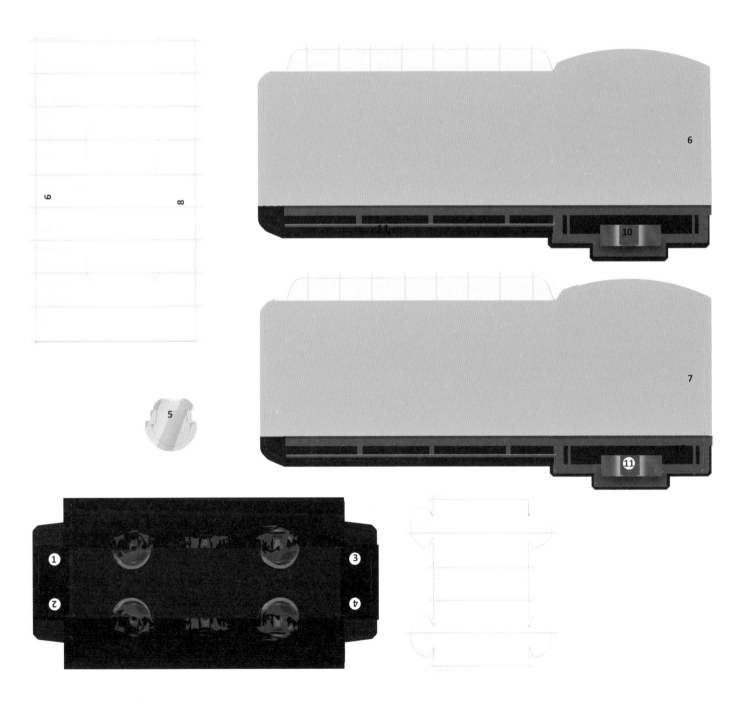

1898 리르 193호 제설기차 Lirr No.193 Snowplow

매년 겨울이면 미국과 캐나다의 많은 지역에 강력한 눈보라가 몰아친다. 1902년에는 한 열차가 눈더미에 완전히 파묻혀 3일간 꼼짝하지 못하는 사건이 일어났다. 그 사건 이후 여러 해에 걸쳐 가혹한 기상 환경을 해결할 수 있는 많은 종류의 제설기차가 개발되었다.

눈을 토해내는 이 괴물 기차는 롱아일랜드 철도회사가 사용했던 제설기차인데 1898년에 제작되었다.

1898 리르 193호 제설기차

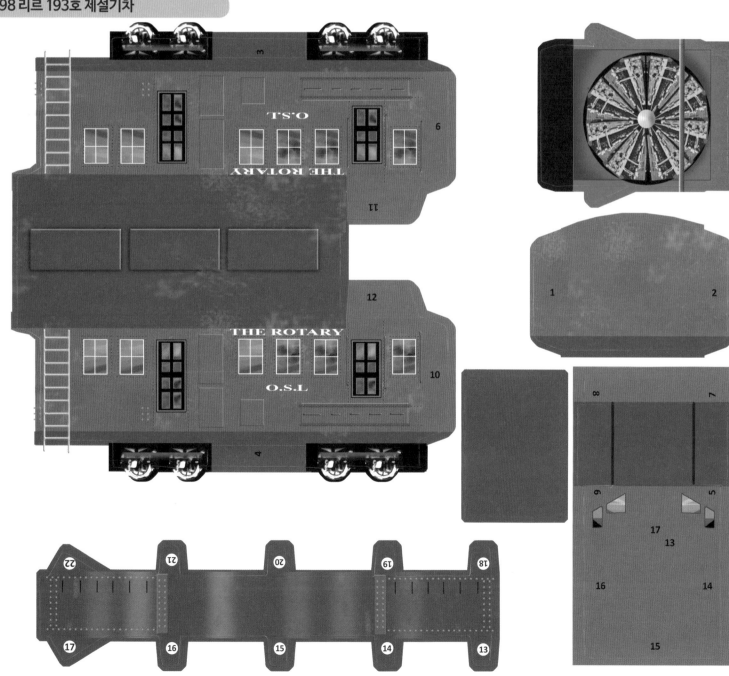

특징

- 유형: 회전식 제설기차
- 제작사: 뉴저지 주 패터슨, 쿠크 기관차·기계제작사(Cooke Locomotive and Machine Works)
- 철도회사: 롱아일랜드 철도(Long Island Railroad, LIRR)
- 궤간: 143.5센티미터

리르 193호 제설기차

회전기는 기관차에 의해 선로 위로 끌어 올려져야 했다. 열차 전면에 장착된 회전 날개는 캐나다의 레슬리 형제가 개발한 방식을 응용했는데, 기름으로 움직이는 2기통 실린더 증기엔진에 의해 돌아갔다. 날개들은 고속으로 회전하면서 부근에 있는 모든 눈을 빨아들여 꼭대기에 있는 활송(滑送) 장치로 보내는 방식으로 선로를 깨끗이 청소했다.

한 제설기차가 콜로라도에서 '동계작전'에 돌입한 모습

26

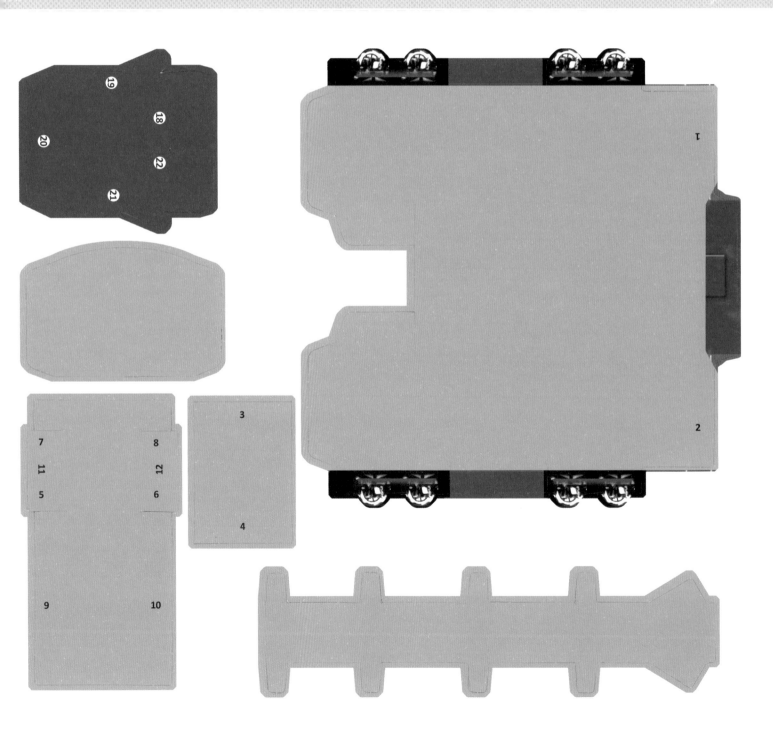

1908 파리 메트로 모트리스 500 Paris Metro Motrice 500

메트로폴리텐, 혹은 짧게 "메트로"라 불리는 파리 지하철은 1900년에 개통되자마자 폭발적인 인기를 끌었다. 최초의 객차는 목제였으나 1903년 화재사건이 일어난 뒤 완전한 철제 객차, 즉 모트리스(motrice)로 모두 바뀌었다. 열차는 동력이 공급되지 않는 5개 차량과 쌍둥이 모터가 장착된 3량의 전동 차량으로 구성된 전형적인 모습이었다. 나중에 설계·제작된 열차들은 더 길고 모터가 4개씩 장착된 차량들로 구성되었다.

1950년대에 운행된 파리 메트로의 모습. 파리의 일상생활을 대표하는 상징물이었다.

27

1908 파리 메트로 모트리스 500

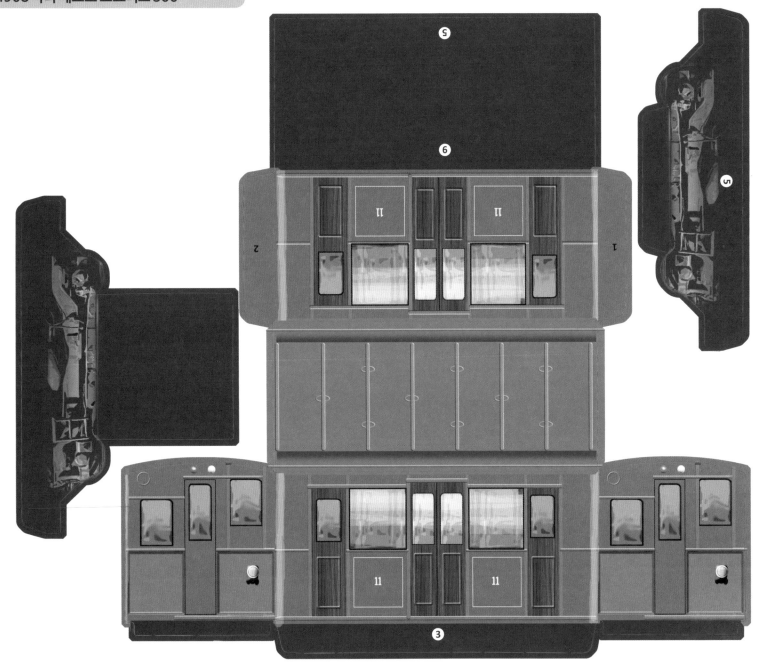

특징

- 유형: 지하 전동차
- 제작사: 파리, CMP 제작소
- 철도회사: 파리 수도권 철도회사(Compagnie du Chemin de Fer Métropolitain de Paris, CMP)
- 궤간: 143.5센티미터
- 최고속도: 모델에 따라 다름

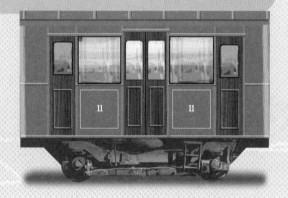

파리 지하철 건설공사가 한창이었던 1900년대의 모습.

파리 메트로 모트리스

최초의 모트리스와 후속 모델들은 흔히 미국 엔지니어인 프랭크 J. 스프래그(Frank J. Sprague)의 이름을 따서 "스프래그스"라고 불린다. 그는 전동열차(Electrical Multiple Unit) 시스템을 개발했다. 이것은 기관차가 없는 상태에서, 일부 차량에 장착된 전기 모터가 모든 차량을 견인하는 방식으로 운행된다. 이 스프래그스는 1950년대와 1960년대까지 파리 주민에겐 삶의 일부였다.

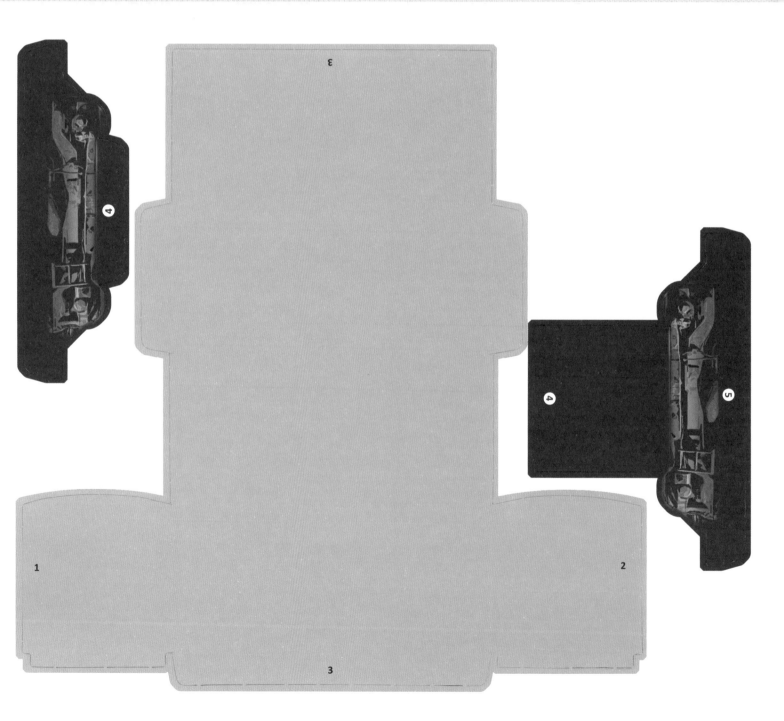

기름을 연료로 사용했던 이 정교한 증기기관차는 러시아의 차르 시대에 제작
되었다. 그러나 1917년 10월 혁명과 그 이후의 혁명 과정에서 크게 파손
되었다. 1923년 소비에트를 지지하는 지원병들이
모스크바에서 열차를 재조립하면서,
이 열차는 혁명을 상징하는 붉은색
으로 다시 도색되었고,
탄수차(炭水車)
에는 혁명 구호
가 적혔다.

붉은 혁명! 블라디미르 레닌(Vladimir Ilyich Lenin)의 생사와
관련된 기관차 중 하나

29

1910 러시안 클래스 U 127호

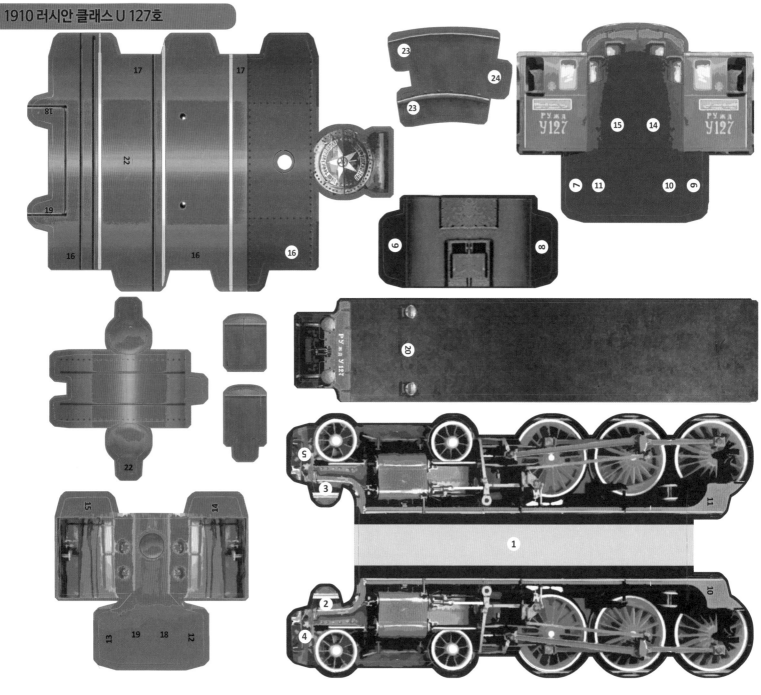

특징

- 유형: 증기기관차 4-6-0
- 제작사: 러시아, 푸틸로프 공장(Putilov Factory), 나중에 키로프 공장(Kirov Plant)으로 바뀜
- 철도회사: 지금은 우즈베키스탄에 있는 타슈켄트 레일웨이(Tashkent Railway) 사가 최초의 운영사
- 궤간: 152.4센티미터
- 최고속도: 시속 114킬로미터

레닌은 1917년에 일어난 러시아 10월 혁명의 지도자였다.

러시안 클래스 U 127호

소련의 노동자들은 소비에트 최초의 지도자 블라디미르 레닌을 이 붉은 기차의 명예 기관사로 선정했다. 또한 이 기관차는 1924년 레닌의 시신을 모스크바에서 열린 장례식장으로 운구하는 데 이용되었고, 1937년까지 운행되었다. 그 후 모스크바에 있는 모스크바 레일웨이 사 박물관이 이 열차를 소중하게 보존하고 있다.

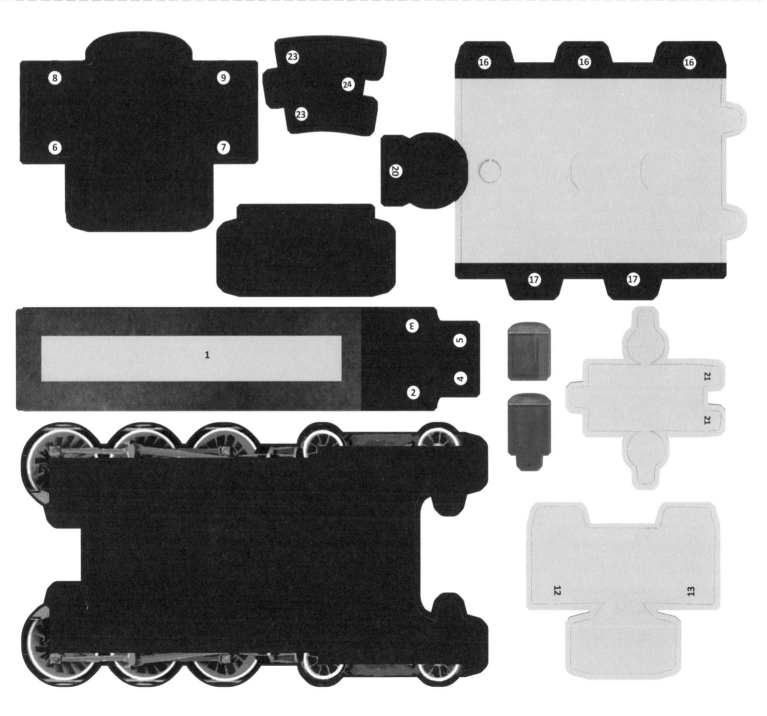

1911 매킨 레일모터 Mckeen Rail Motor

미국

매킨 레일모터 사는 1905년부터 최초로 열차용 내연기관을 개발한 회사 중 하나이다. 이 회사가 제작한 철도차량은 전면 장착형 6기통 실린더가 동력을 공급했는데, 이런 방식은 동력전달장치로서는 독창적이었다. 이 열차는 만화 속의 잠수함을 닮았다.

공기역학적으로 설계된 열차 전면부에는 "공기분쇄기"라는 별명이 붙었다.

31

1911 매킨 레일모터

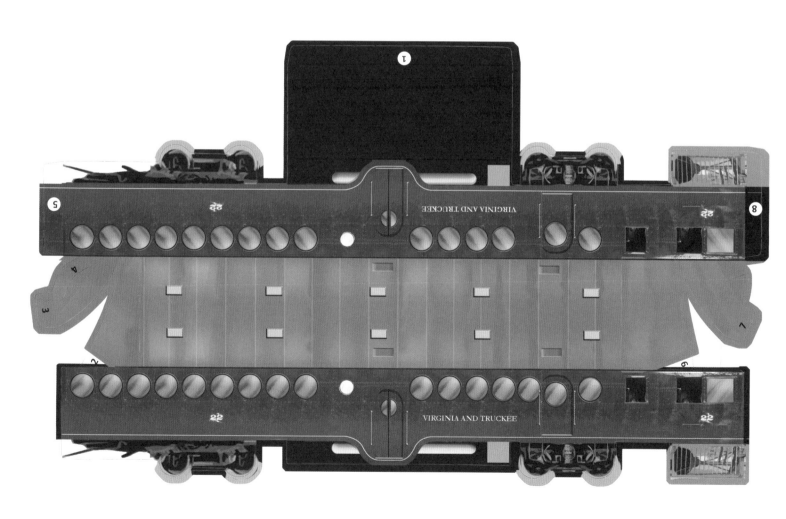

- 유형: 휘발유로 움직이는 철도차량
- 제작사: 네브래스카 주 오마하, 매킨 모토카(Mckeen Motor Car Company) 사
- 철도회사: 버지니아&트루키(Virginia&Truckee) 사
- 궤간: 143.5센티미터
- 최고속도: 시속 51킬로미터

둥근 창은 이 열차만의 특징이었다.

매킨 레일모터

매킨 레일모터는 저렴한 비용으로 승객들을 수송하기 위해 개발되었다. 하지만 기계적인 문제들을 안고 있었다. 40여 개의 미국 철도회사들과 두 개의 오스트레일리아 회사, 쿠바의 한 철도회사가 이 열차를 소유했는데 나중에 대부분 다른 형태의 동력장치에 맞게 개조하거나 차량의 몸체만 떼어 재사용했다.

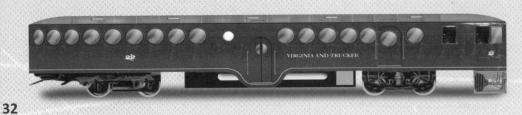

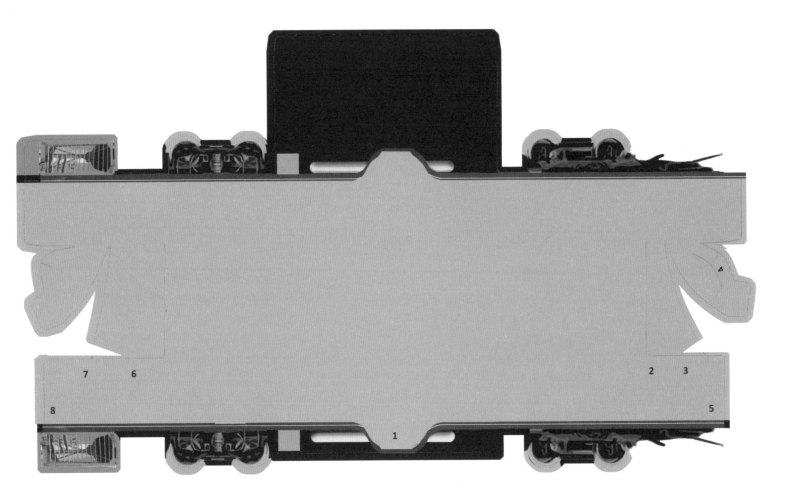

1912 CNJ 클래스 L7 카멜백 CNJ Class L7 Camelback

이 열차와 비슷한 북미 지역의 일반적인 기관차들은 1840년대부터 쭉 널리 사용되었다. 이 열차들은 몸체의 솟아오른 부분 때문에 "낙타 등"이라는 애칭으로 불렸다. 보일러 위에는 격리된 기관실이 있었다.

이 카멜백 열차는 100여 년 전에 뉴저지의 센트럴 레일로드 사에 의해 운행되었다.

1912 CNJ 클래스 L7 카멜백

특징

- 유형: 기관차 4-6-0
- 제작사: 펜실베이니아 주 에디스톤, 볼드윈 기관차제작소
- 철도회사: 미상
- 궤간: 143.5센티미터
- 최고속도: 미상

CNJ 클래스 L7 카멜백

이런 유형의 기관차들은 석탄과 화물을 수송하는 데 사용되었다. 연료로는 저렴하고 풍부한 무연탄이나 유연탄이 사용되었다. 이 열차들은 기관사들이 선로 앞을 더 잘 볼 수 있도록 디자인되었으나 간혹 운행하기 위험할 때도 있었다. 카멜백 열차를 변형시킨 몇몇 기종들이 1920년대까지 운행되었다.

1900년 즈음에 운행되었던 선로 점검용 카멜백 열차

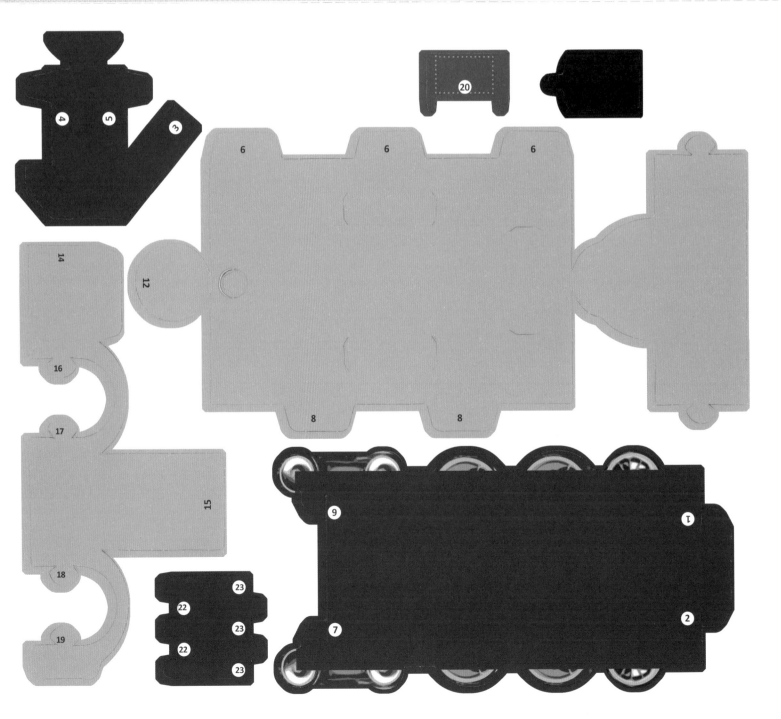

1934년 11월 30일, 플라잉 스코츠맨이라는 애칭으로 불리는 LNER 4472호가 시속 160킬로미터를 기록함으로써 세계에서 가장 빠른 기관차로 등극했다는 기사가 대서특필되었다. A3급에, 3기통 실린더가 장착된, 이 퍼시픽 타입의 증기기관차는 1923년에 제작되었다. 이 기관차는 니겔 그레슬리 경(Sir Nigel Gresley)이 설계하였고, 런던과 에든버러를 매일 오가는 운행 서비스의 이름을 따서 플라잉 스코츠맨이라고 불렸다. 이 열차 운행 서비스는 1862년 시작된 이래 지금도 유지되고 있다.

플라잉 스코츠맨 열차가 요크 역을 빠져나오고 있다.

35

1923 LNER 플라잉 스코츠맨

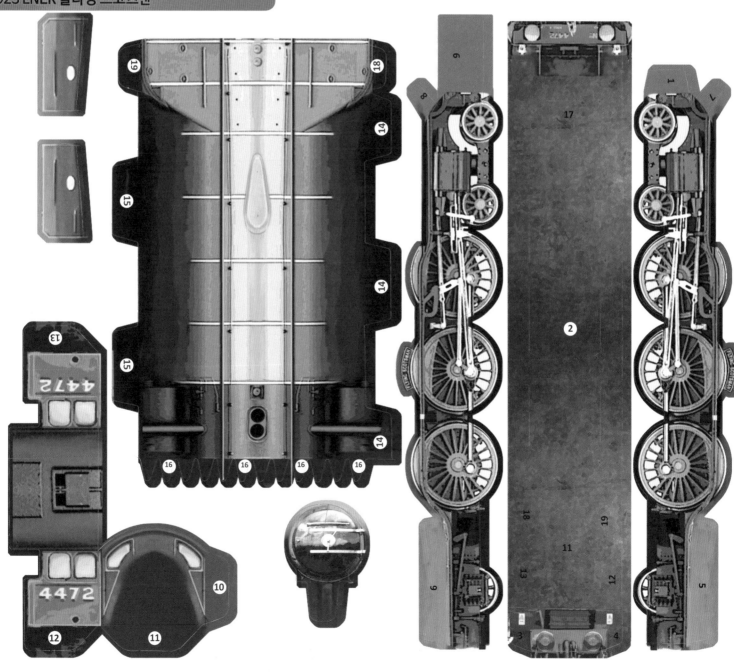

특징

- 유형: 증기기관차 4-6-2
- 제작사: 잉글랜드 요크셔, 동커스터 제작소(Doncaster Works)
- 철도회사: 잉글랜드와 스코틀랜드, 런던&노스 이스턴 철도회사(LNER).
  나중에 영국 국철(BR)로 바뀐다.
- 궤간: 143.5센티미터
- 최고속도: 시속 160킬로미터

LNER 플라잉 스코츠맨

플라잉 스코츠맨 기관차는 1963년까지 운행되었으며, 총 334만 킬로미터의 운행기록을 세웠다. 이 기관차는 오스트레일리아의 파크스에서 뉴사우스웨일즈 주에 있는 브로큰힐까지, 장장 679킬로미터를 달려 증기기관차로는 사상 최장거리 논스톱 운행기록을 세웠다. 1989년 오스트레일리아에 전시되었다.

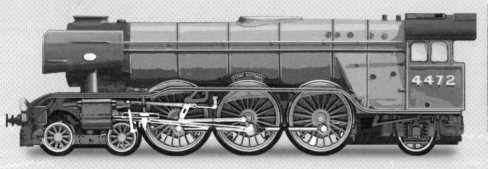

1933년 부활절 주말을 즐기려는 여행객들을 위해 단장 중인 열차.

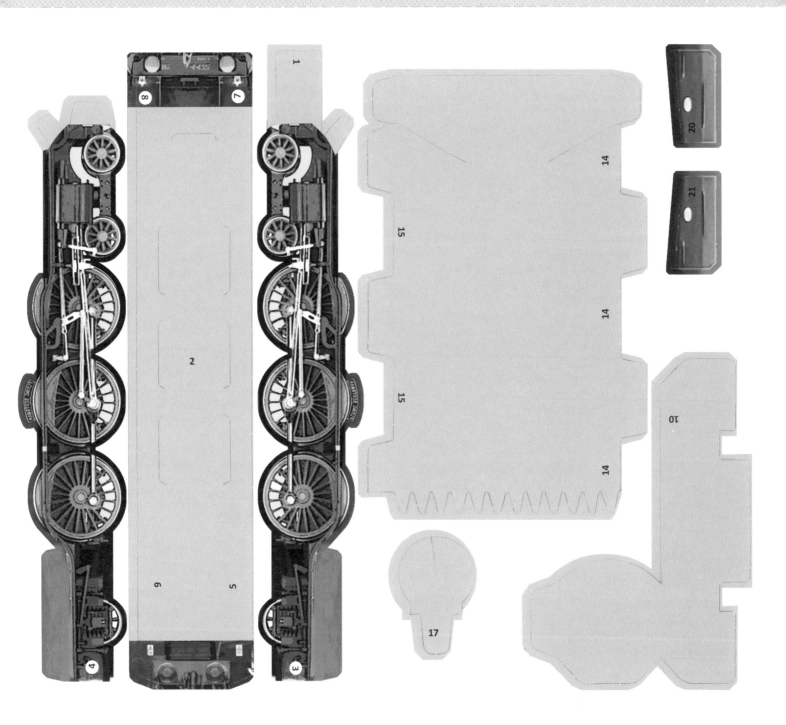

1924 소비에트 디젤 EEL 2 Soviet Diesel EEL 2

러시아 기술자이자 철도 전문가인 유리 로모노소프(Yury Lomonosov)는 선견지명이 있었다. 그는 1907년, 일찍이 증기기관차는 미래가 없다고 내다보았다. 1920년대에 갓 출범한 소비에트 정부를 위해 일하던 그는 새로운 디젤전기기관차를 설계한 뒤 독일 에슬링겐(Esslingen) 사에 주문했다. 5개의 구동축(驅動軸)이 장착된 이 모델은 1925년부터 운행을 시작했다.

디젤 시대가 개막되면서 이 우람한 EEL 2 열차는 철도 역사에 큰 발자국을 남겼다.

1924 소비에트 디젤 EEL 2

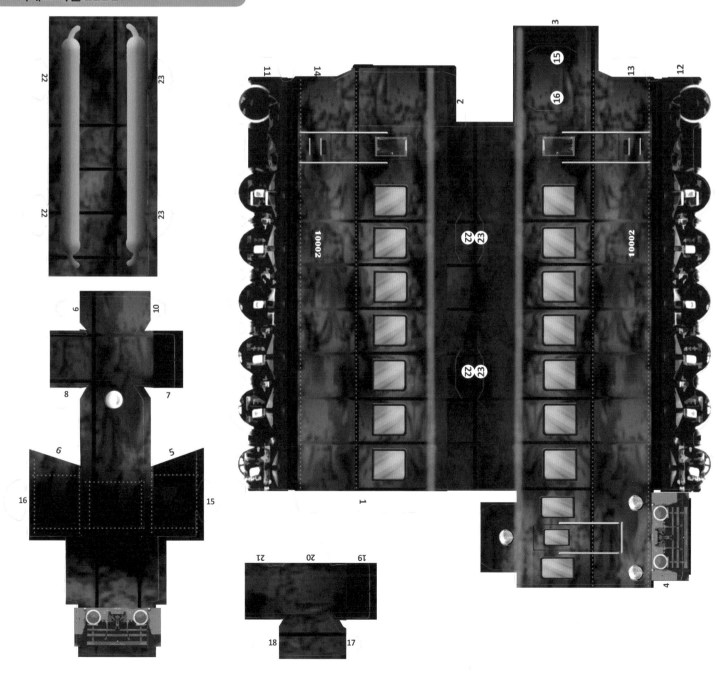

특징

- 유형: 디젤전기기관차
- 제작사: 독일, 에슬링겐 기계공장(Maschinenfabrik Esslingen)
- 철도회사: 소비에트 국영철도(Soviet Railways, SZD). 현재는 러시아와 인근의 여러 국가에 퍼져 있음
- 궤간: 152.4센티미터
- 최고속도: 미상

소비에트 디젤 EEL 2

디젤전기기관차는 연료를 사용하여 발전기(제너레이터)를 돌리고, 발전기가 다시 견인전동기를 돌릴 전력을 제공하는 방식으로 작동된다. 로모노소프가 개발한 모델은 운행이 가능하고 실용적인 최초의 디젤전기기관차였다. 이 열차의 설계방식은 철도업계에 큰 영향을 끼쳤다. 이 모델의 기관차는 1954년까지 운행되었다.

유리 로모노소프(1876–1952)는 디젤견인 장치의 성공을 예측했다.

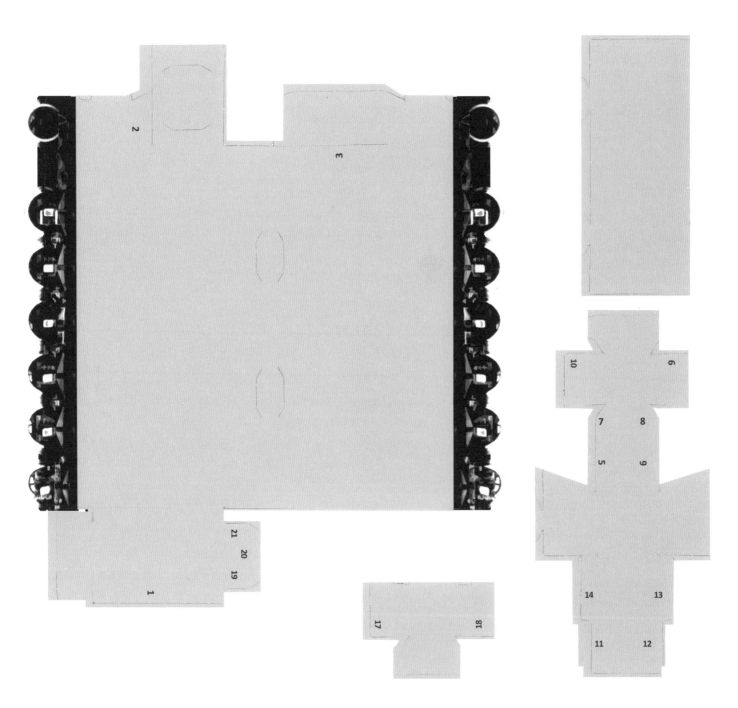

프리겐더 함부르크(Fliegender Hamburger) 기관차는 "제이콥스"라는 보기(bogie, 기차의 차량을 올려놓을 수 있는 대차—옮긴이)로 연결된 두 개의 차량으로 구성되었다. 제이콥스는 보기를 발명한 사람의 이름을 딴 것이다. 각 차량은 DC 발전기에 연결된 12기통 실린더의 마이바흐 디젤엔진으로 작동되고, 이 발전기가 다시 견인전동기를 구동시킨다.

차체는 가벼웠고 디자인은 우아한 유선형이었다.

1932 DRG 함부르크 플라이어

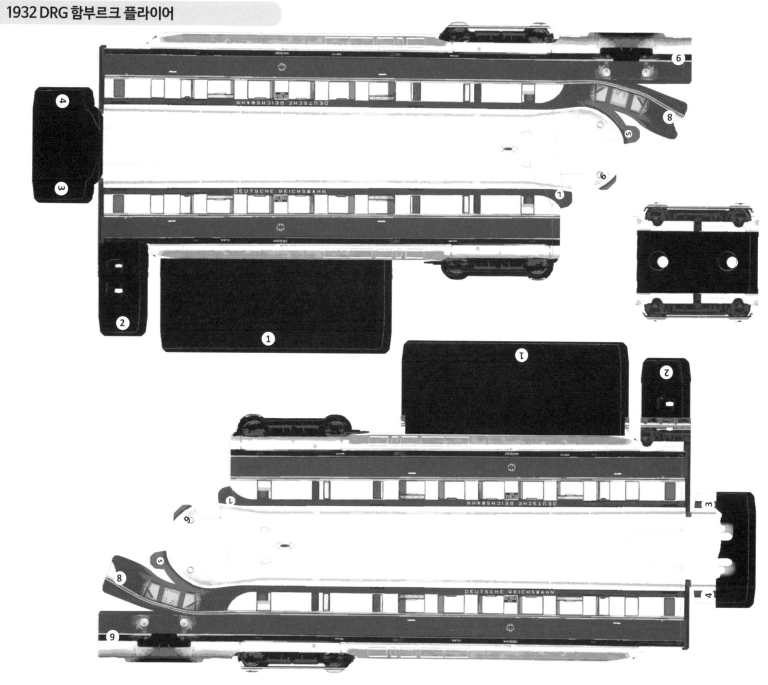

특징

- 유형: 디젤전기열차
- 제작사: 바곤 운트 마시넨바우(Waggon- und Maschinenbau AG Görlitz, WUMAG) 사
- 철도회사: 독일연방철도(Deutsche Reichsbahn-Gesell-schaft, DRG)
- 궤간: 143.5센티미터
- 최고속도: 시속 159킬로미터

DRG 함부르크 플라이어

플라이어는 독일 최초의 고속디젤열차였다. 이 열차는 1933년부터 함부르크와 베를린 사이를 운행했다. 이 구간 286킬로미터를 138분 만에 주파했기 때문에 진짜 '세상을 바꾼 물건'이라 할 만한 열차였다. 당시 세계에서 가장 빠른 정기노선 열차였으며, 이보다 더 우수한 열차는 그 후 오랫동안 나오지 않았다.

운전석에서 내다본 풍경

1934 펜실베이니아 철도 GG1 Pennsylvania Railroad GG1

전철은 우리 삶의 일부가 되었다. 펜실베이니아 철도(PRR)에서 운행한 GG1은 독립된 중앙관제실을 갖춘 관절식 기관차(각기 2~3개의 독립된 구동부(驅動部)가 있는 2~3개의 받침틀이 핀으로 연결되어 관절처럼 함께 움직여서 전체가 견인 작용을 하는 기관차—옮긴이)였다. 각 열차의 끝에는 가공전선(架空電線)에서 AC 전류를 취하는 팬터그래프가 장착되었고, 열차당 12개의 견인전동기가 달려 있다.

차체가 부드럽고 도금된 강철판으로 만들어진 GG1은 1935년에 처음 운행되었다.

1934 펜실베이니아 철도 GG1

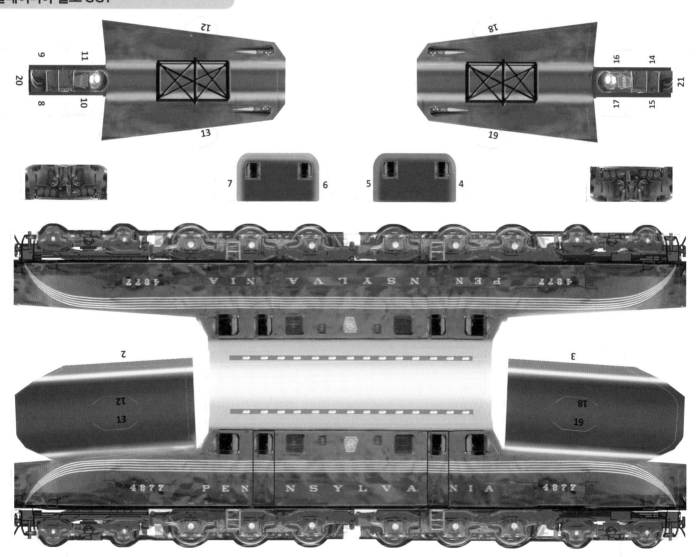

- 유형: 전기기관차
- 제작사: 펜실베이니아, 제너럴 일렉트릭&앨투나 공작소
  (General Electric&Altoona Works)
- 철도회사: 펜실베이니아 철도(PRR)
- 궤간: 143.5센티미터
- 최고속도: 시속 160킬로미터

펜실베이니아 철도 GG1

1934년까지 총 139대의 GG1 기관차가 제작되었는데, 미국 철도에서 흔히 볼 수 있는 가장 친숙한 기관차였다. 승객용 차량들을 견인했지만, 나중에는 화물 운반용으로 개조되어 쓰였다. 이 기관차는 1980년대에 반세기의 운행을 마치고 철로에서 사라졌다.

양방향 운전이 가능한 운전석은 기관차 중앙에 있었다.

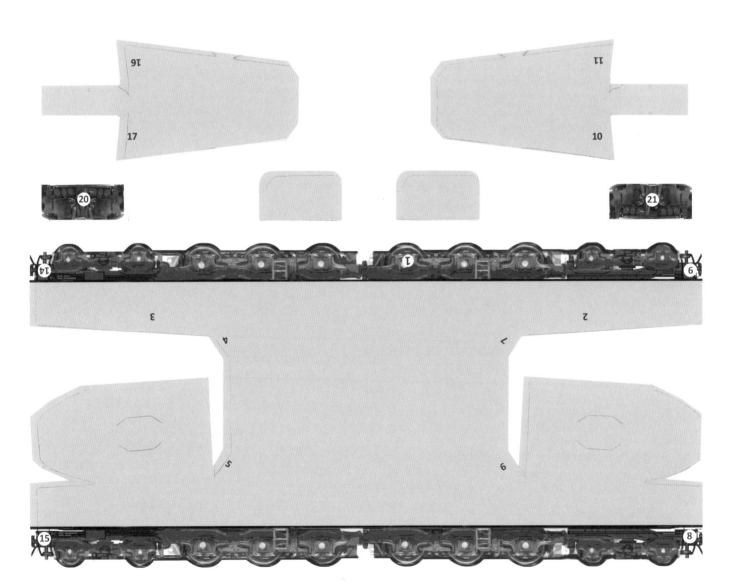

1934 제퍼 열차 Zephyr Trains

선구적 기관차인 제퍼의 등장과 함께 미국은 디젤전기로 움직이는 유선형 열차의 시대를 맞이했다. 1935년에 도입된
트윈 시티(Twin Cities, 미국 미네소타 주의 미니애폴리스와 세인트폴, 두 도시를 일컫는다—옮긴이) 제퍼 열차는 미니애폴리스—
세인트폴과 시카고 사이를 운행했다. 1936년에 운행을 시작한 두 대의 개량형 제퍼 열차는 각각 "신들의 열차"와 "여
신들의 열차"로 불렸으며, 여기에 딸린 객차들에는 각각 고대 로마 신들의 이름이 붙었다.

반짝이는 스테인리스강철로 제작된 제퍼 열차의 관절식 차량들은 곧
근대 여객운송업계에서 최첨단 교통수단이 되었다.

1934 제퍼 열차

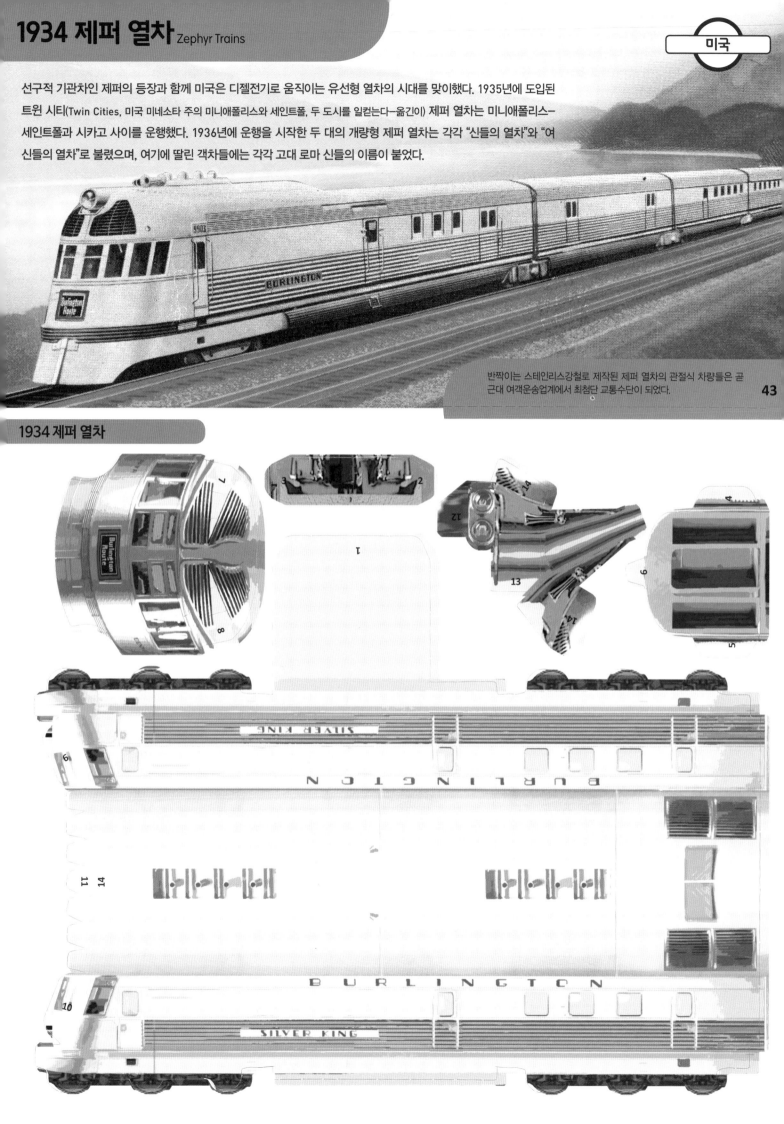

특징

- 유형: 디젤전기열차
- 제작사: GE 사가 제작한 디젤기관차에, 필라델피아의 버드(Budd Company) 사가 제작한 차량을 연결
- 철도회사: 시카고, 벌링턴&퀸시 철도회사(Burlington& Quincy Railroad, CB&Q)
- 궤간: 143.5센티미터
- 최고속도: 시속 167킬로미터

승객들이 제퍼 열차 안에서 간단한 식사를 즐기고 있다.

제퍼 열차

제2차 세계대전이 끝난 뒤 제퍼 열차 중 일부는 경치 좋은 노선에 배치되어 전망차(Observation Dome coach, 돔 모양의 전망대 시설을 갖춘 객실–옮긴이)로 활용되었다. 객차의 조명시설도 낮시간의 관광은 물론이고 야간의 경치 감상에도 지장이 없게끔 세심하게 설치되었다. 트윈 시티 제퍼 열차는 1971년까지 운행되었고, 제퍼릿(zephyrett)이라 불리는 제복을 입은 여종업원들이 승객의 시중을 들었다.

1936 ATSF 슈퍼 치프 ATSF Super Chief

유명한 ATSF 슈퍼 치프 열차는 1936년에서 1971년까지, 시카고—로스앤젤레스 구간을 운행했다. 이 열차는 풀만식(모든 안락 시설을 갖춘 객차—옮긴이) 침대차를 구비한 미국 최초의 디젤차량이었다. 운행을 시작한 직후 붉은색과 노란색이 혼합된 '워보닛(warbonnet, 독수리 깃으로 꾸민 북미 인디언의 전투모—옮긴이)' 모양의 과감한 기관차 색상 때문에 유명해졌다. 이 열차는 3,584킬로미터의 거리를 36시간 49분에 주파했는데, 이 열차를 끌었던 최초의 기관차들은 머리가 뭉툭한 디젤전기기관차로, 제너럴 모터스가 납품한 EMC 1과 EMC 1a였다.

1939년경, 슈퍼 치프 열차가 정비를 받기 위해 뉴멕시코 주 앨버커키(Albuquerque)의 차량기지로 입고되고 있는 모습.

45

1936 ATSF 슈퍼 치프

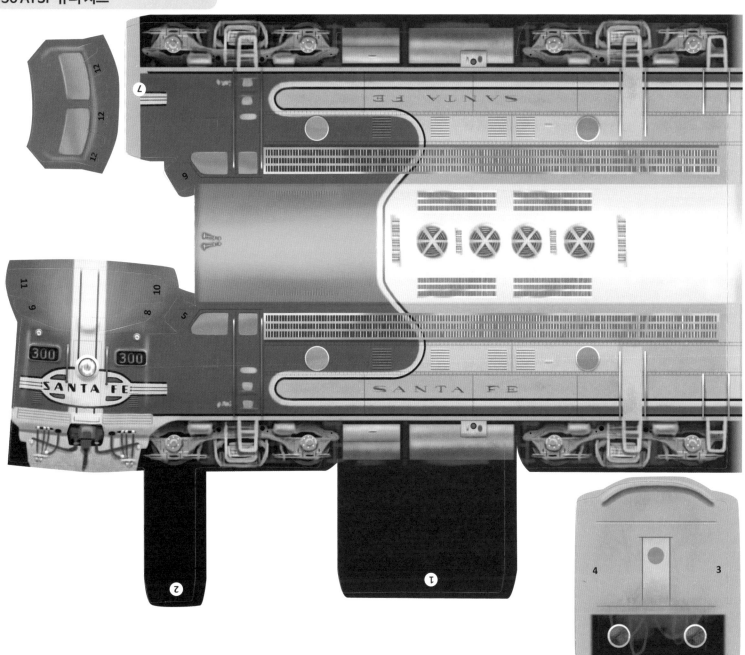

특징

- 유형: 디젤기관차가 끄는 유선형 승객열차
- 제작사: 제너럴 모터스 일렉트릭 모티브 사(EMC)
- 철도회사: 애치슨, 토키파 앤 산타페 철도회사(ATSF)
- 궤간: 143.5센티미터
- 최고속도: 시속 160킬로미터

1984년부터 전미철도여객수송공사(Amtrak)가 사우스웨스트 치프(Southwest Chief)라는 이름으로 열차를 운행하고 있다.

ATSF 슈퍼 치프

이때는 할리우드의 황금기였다. 댄서인 엘리너 파웰은 이 열차에 "스타들의 열차"라는 별명을 붙이기도 했다. 슈퍼 치프 열차의 승객 중에는 화려한 연예인들이 많았다. 1952년 이 열차는 글로리아 스완슨(Gloria Swanson)이 주연한 〈침실 C의 세 사람(Three for Bedroom C)〉이라는 영화에 당당히 '조연'으로 활약했다.

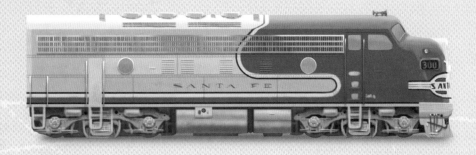

46

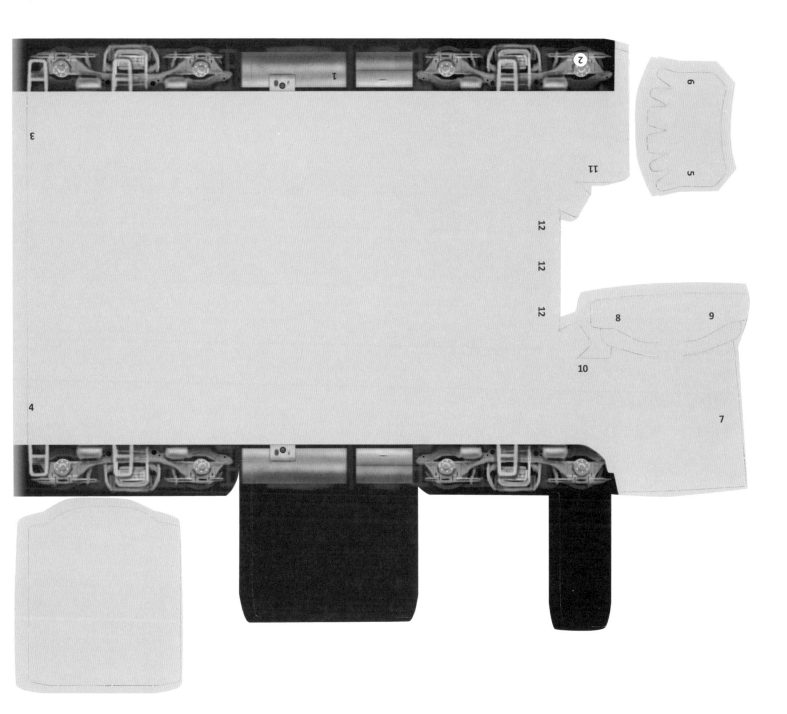

1938 20세기 허드슨 J3A 20th Century LTD. Hudson J3A

20세기 허드슨은 한때 "세계에서 가장 유명한 열차"로 꼽혔던 침대차이다. 이 열차는
1902년에서 1967년까지, 뉴욕의 그랜드 센트럴 역(Grand Central Station)
에서 시카고의 라살 스트리트(LaSalle Street) 사이를 운행
했다. 20세기 허드슨에 타는 승객들은 레드
카펫을 밟는 환대를 받았다.

당시 시대의 상징이었던 J3A 기관차는 단 16시간 만에
1,547킬로미터의 장거리를 운행할 수 있었다.

47

938 20세기 허드슨 J3A

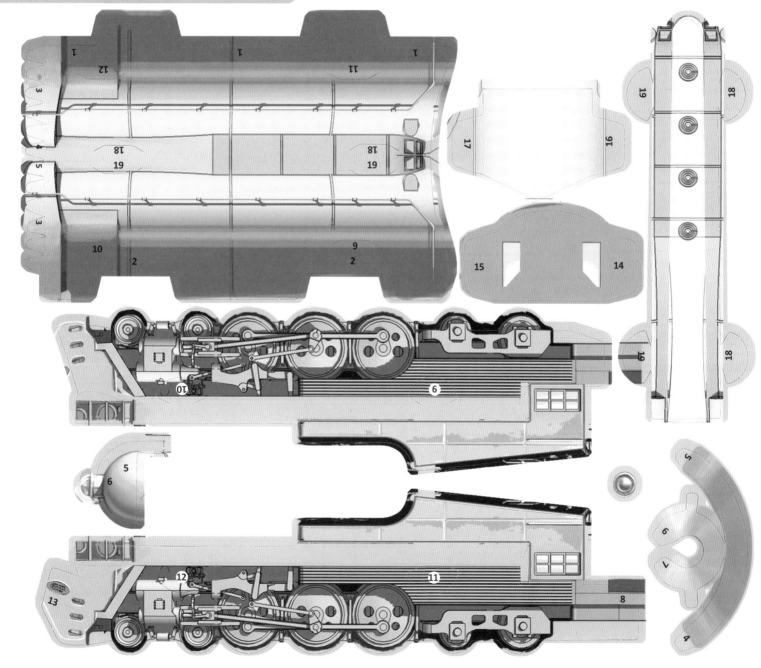

특징

- 유형: 유선형 증기기관차 4-6-4
- 제작사: 뉴욕 주 스키넥터디(Schenectady), 아메리칸 로코모티브 사 (ALCO)
- 철도회사: 뉴욕 센트럴 철도회사(NYC)
- 궤간: 143.5센티미터
- 최고속도: 시속 166킬로미터

20세기 허드슨 J3A

허드슨 J3A는 20세기 허드슨 차량을 끌었던 기관차로서 빠른 속도와 탄환 모양으로 생긴 코가 시대의 상징이 되었다. 이 고전적인 기관차는 1938년 헨리 드레이퓨스가 유선형으로 개조한 모델로서, 1939년에 열린 만국박람회에 자랑스럽게 전시되었다. 지금도 많은 사람들이 이 기관차를 증기기관차 시대에 나온 것 중 가장 아름다운 기관차로 여기고 있으며, 이 기관차의 이름을 딴 칵테일도 등장했다.

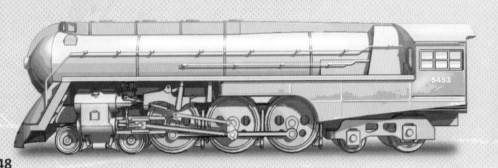

뉴욕 시의 그랜드 센트럴 역

48

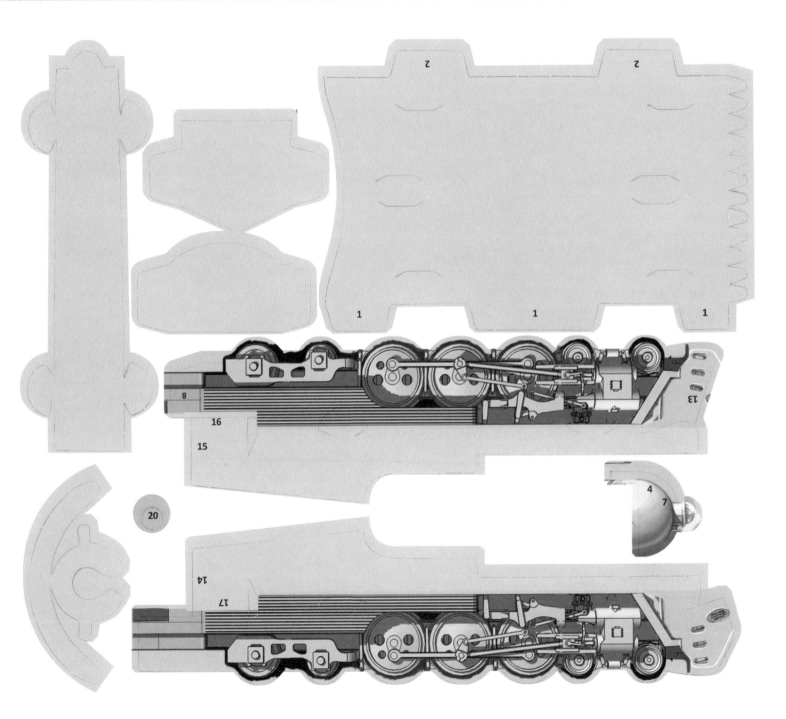

맬러드 기관차는 파워와 스피드의 영원한 상징으로서, 철도 역사상 가장 유명한 영국산 기관차 중 하나이다. 3기통 실린더가 장착된 이 클래스 A4 기관차는 니겔 그레슬리 경이 설계했다. 실제로 기술자들은 열차의 항력을 최소한으로 억제하기 위해 구부러진 터널 속을 운행함으로써 맬러드의 모양을 테스트했으며, 연소되는 바람의 질을 높이기 위해 이중 카일챕(Kylchap) 송풍관을 장착했다.

스피드와 파워를 상징하는 그림이다. LNER의 상징색인 가터 블루로 치장되어 있는 전성기 때의 맬러드 기관차

49

1938 LNER 클래스 A4 4468 맬러드

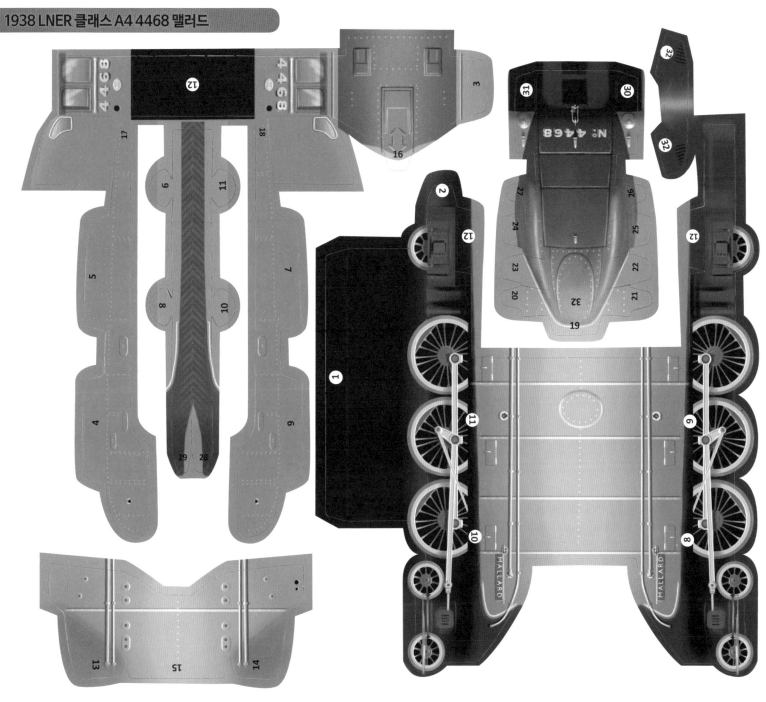

특징

- 유형: 증기기관차 4-6-2
- 제작사: 잉글랜드 요크셔 주, LNER 돈캐스터 제작소
- 철도회사: 런던&노스 이스턴 철도회사(LNER)
- 궤간: 143.5센티미터
- 최고속도: 시속 203킬로미터

LNER 클래스 A4 4468 맬러드

1938년 7월 3일, 맬러드 기관차는 영국 동해안선의 리틀바이탐(Little Bytham)—에센다인(Essendine) 구간에서 놀랍게도 시속 203킬로미터라는, 증기기관차로서는 사상 최고의 속도를 기록했다. 맬러드는 1963년까지 정기 운행을 계속했고, 지금은 요크에 있는 영국 국립철도박물관에 LNER의 원래 상징색인 파란색으로 치장된 채 보존되어 있다.

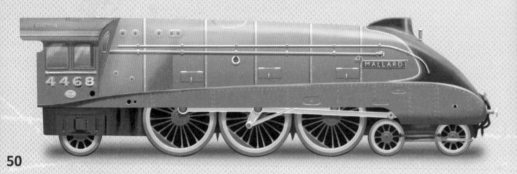

기관실 발판에서 본 맬러드의 계기판

50

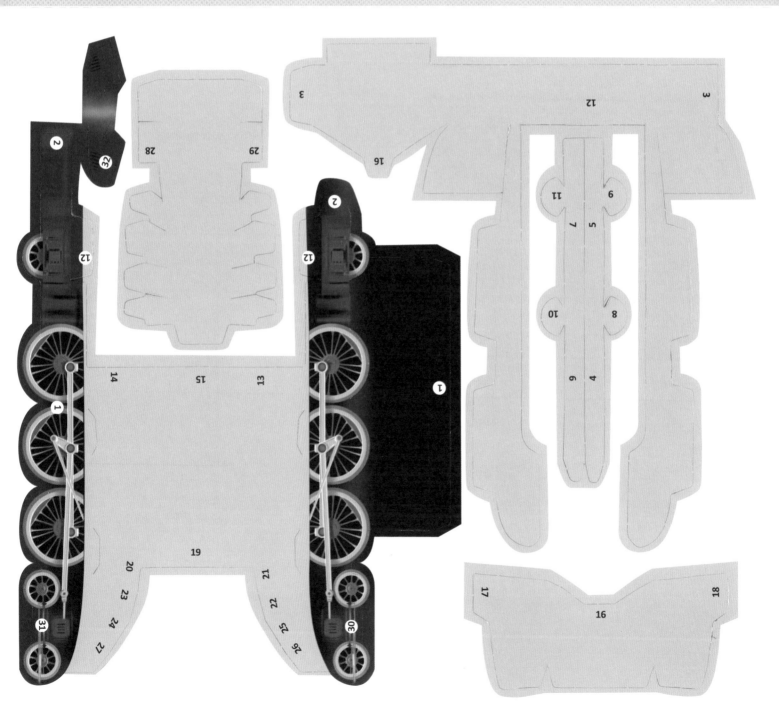

1941 UP 4000 클래스 빅보이 UP 4000 Class Big Boy

자기 이름에 걸맞은 기관차를 꼽는다면 바로 이 기관차일 것이다. 유니언 퍼시픽 철도회사가 운행한 이 빅보이 기관차는 탄수차를 합치면 무게는 무려 567톤에, 길이는 총 40미터에 달했다. 아메리칸 로코모티브 사는 1941년부터 1944년까지 이 육중한 기관차를 총 25대 제작했다.

관절식 기관차로서 안정감을 주고, 엄청난 파워를 자랑하는 빅보이 기관차는 불가능해 보이는 경사길에서도 화물을 끌고 올라갈 수 있었다.

51

1941 UP 4000 클래스 빅보이

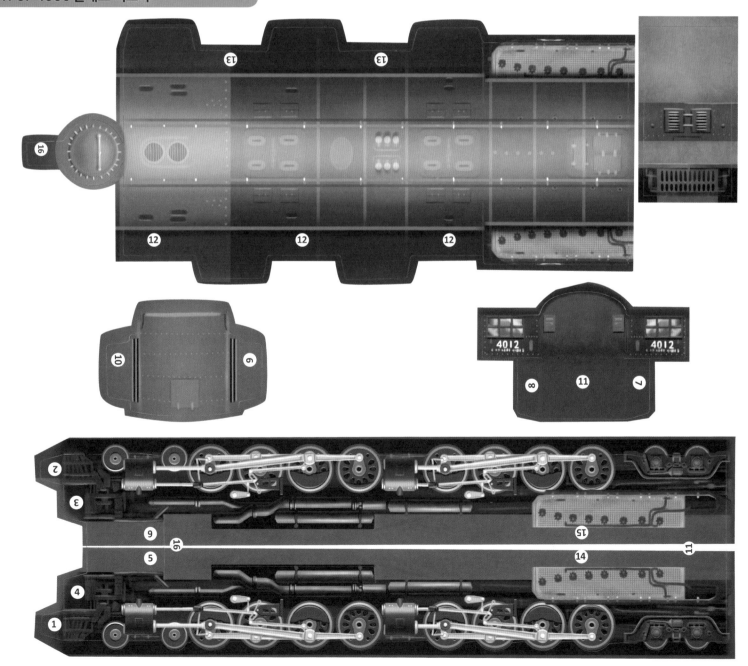

특징

- 유형: 증기기관차
- 제작사: 뉴욕 주 스키넥터디(Schenectady). 아메리칸 로코모티브 사(ALCO)
- 철도회사: 유니언 퍼시픽 철도(UP)
- 궤간: 143.5센티미터
- 최고속도: 시속 129킬로미터

피스톤의 파워

UP 4000 클래스 빅보이

누구나 예상하겠지만, 빅보이 기관차는 엄청난 양의 석탄을 소모했으며, 이것 때문에 운영비가 많이 들어갔다. 제2차 세계대전 이후, 디젤전기기관차는 더 싸고 더 능률적인 대안임을 스스로 입증했다. 1959년 마지막 남은 빅보이 기관차가 역사 속으로 사라지면서 한 시대가 막을 내렸다.

52

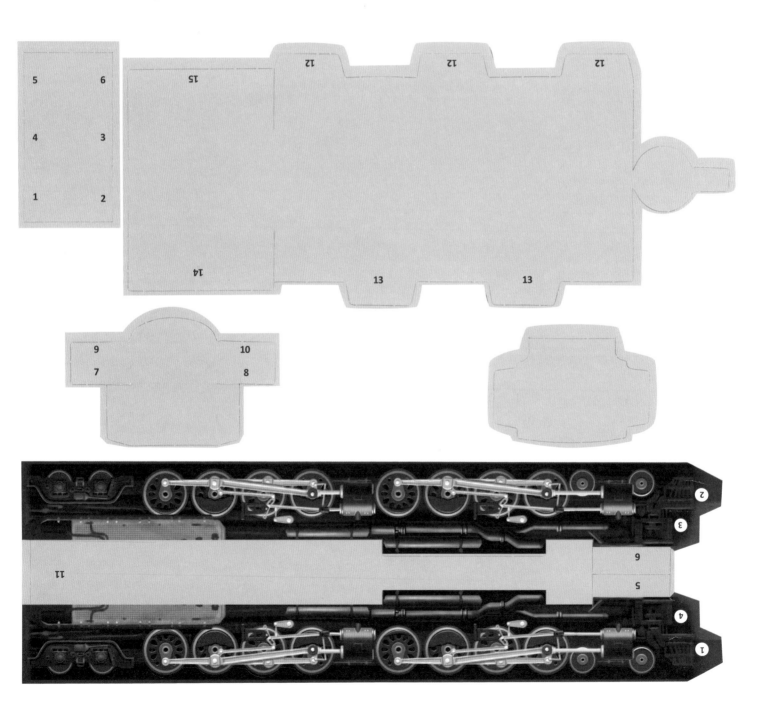

1941 서던 퍼시픽 클래스 GS-4 Southern Pacific Class GS-4

서던 퍼시픽 철도회사가 운행한 클래스 GS-4는 열차 외부에 쌍둥이 실린더가 장착된 증기기관차이다. 이 기관차에는 보일러 윗부분을 따라 차체 외부를 덮은 측면 덮개와 은색 연실(煙室)이 설치되어 있다. 최고속도는 시속 121킬로미터. GS-4 기관차들은 로스앤젤레스—샌프란시스코 구간을 운행하는 유명한 코스트 데일라이트 사의 객차들을 끌고 다녔다.

1976년 미국 독립 200주년 기념식에 프리덤 트레인이라는 상징색으로 치장된 채 전시된 GS-4의 모습.

53

1941 서던 퍼시픽 클래스 GS-4

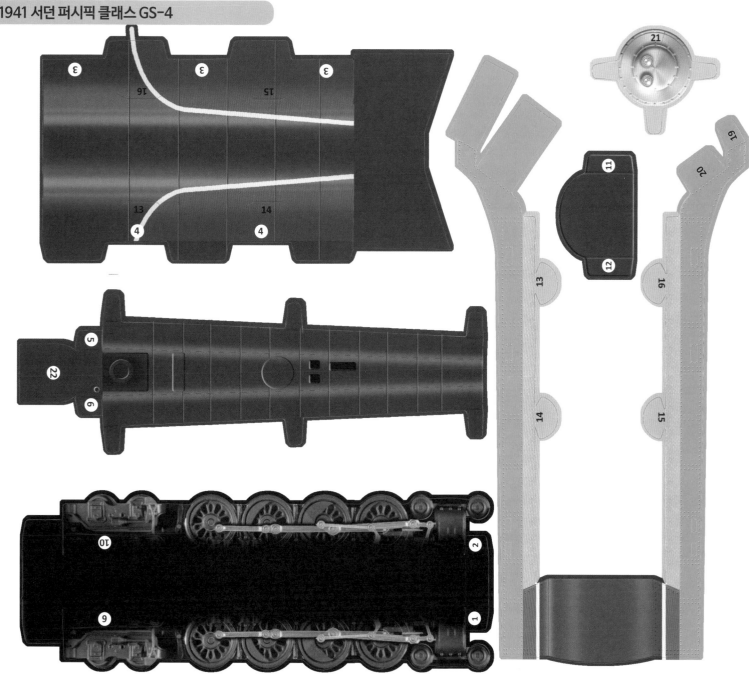

특징

- 유형: 증기기관차 4-8-4
- 제작사: 오하이오 주, 리마 로코모티브 제작소
- 철도회사: 서던 퍼시픽 철도회사(SP)
- 궤간: 143.5센티미터
- 최고속도: 시속 177킬로미터

1950년대, 코스트 데이라이트 열차의 승객들

서던 퍼시픽 클래스 GS-4

빨간색, 오렌지색, 검은색이 어우러진 이 기관차의 상징색은 데이라이트 리미티드의 열차처럼, 자신이 끌고 다닌 객차들과 잘 어울렸다. 이 기관차는 두 번 검게 칠해졌는데, 한 번은 제2차 세계대전 중이었고 또 한 번은 현역 생활을 마칠 때였다. 4469호 열차는 복원되어 1976년 미국 독립 200주년을 기념하기 위해 임시 운행된 아메리칸 프리덤 열차를 견인하는 데 사용되었다.

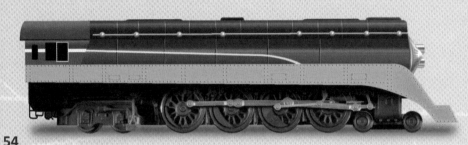

54

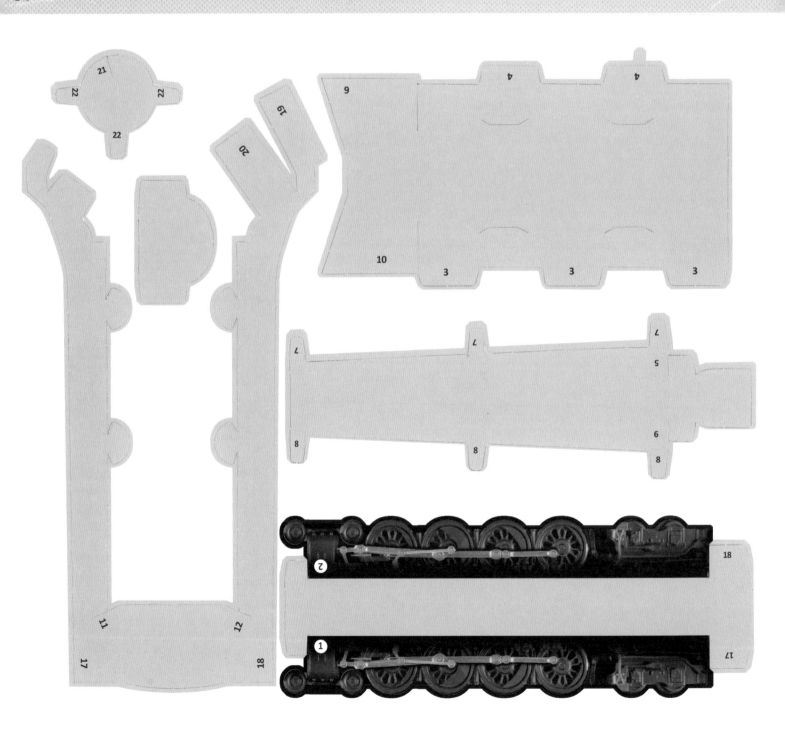

C-38 기관차를 움직이는 구동륜은 고속으로 코너를 돌 수 있도록 하기 위해 퍼시픽 타입의 배열 형태(Pacific-type, 4-6-2의 바퀴 배열 형태-옮긴이)를 취했다. 이 기관차는 석탄을 연료로 썼으며, 두 개의 외부 실린더가 장착되었다. 설계는 이 철도회사의 수석 기계공학자인 해롤드 영이 이끄는 팀이 맡았다. 이 기관차는 측면의 차륜 덮개, 탑보일러 케이싱, 그리고 원뿔형 앞 '코'로 만든 중앙 전조등을 특징으로 한 유선형 열차로서, 1940년대만 해도 유행을 선도한 열차로 손꼽혔다.

C-38 열차가 초록색 상징색으로 치장한 채 오스트레일리아의 경치 좋은 들판을 질주하고 있다.

55

1943 뉴사우스웨일스 C-38 클래스

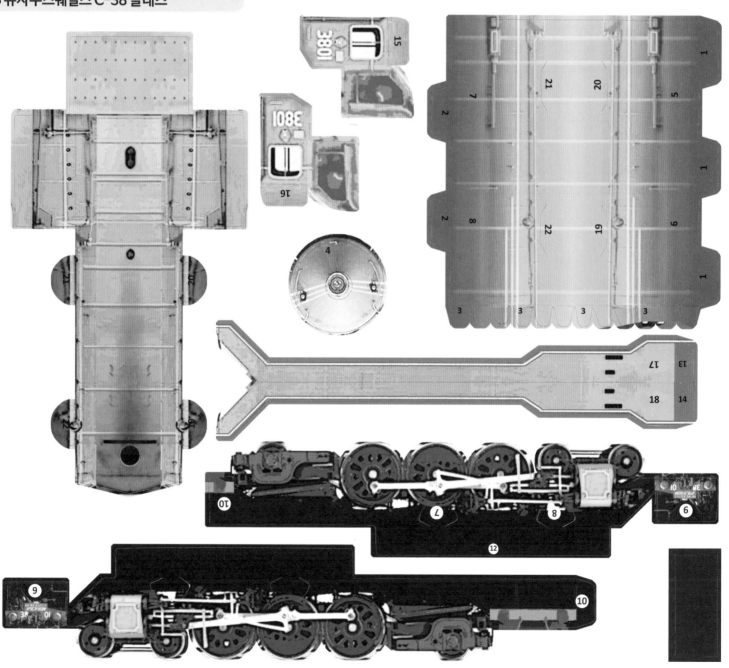

특징

- 유형: 증기기관차 4-6-2
- 제작사: 오스트레일리아, 클라이드 엔지니어링/에벨레이 레일웨이 제작소, 카디프 기관차 제작소
- 철도회사: 오스트레일리아 뉴사우스웨일스 주정부 철도청
- 궤간: 143.5센티미터
- 최고속도: 시속 113킬로미터

뉴사우스웨일스 C-38 클래스

C-38 기관차는 제2차 세계대전 당시부터 1973년까지, 오스트레일리아에서 흔히 볼 수 있었던 열차로서 뉴캐슬 플라이어, 멜버른 리미티드, 또는 리베리나 익스프레스 같은 철도회사들의 노선에 투입되었다. 1970년, 3801호 열차는 새로 개설된 표준궤간 철로를 따라 시드니에서 퍼스까지 달린 최초의 증기기관차라는 기록을 세웠는데 이 구간에는 세계 최장의 직선 선로, 즉 널라버 평원(Nullarbor Plain, 오스트레일리아 남부의 대평원-옮긴이)을 가로지르는 전체 길이 478킬로미터의 선로가 포함되어 있다.

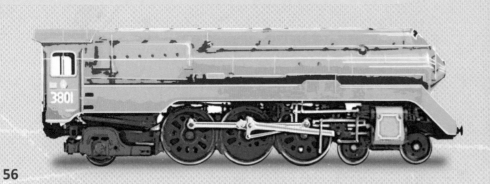

화부가 석탄을 계속 넣고 있다.

56

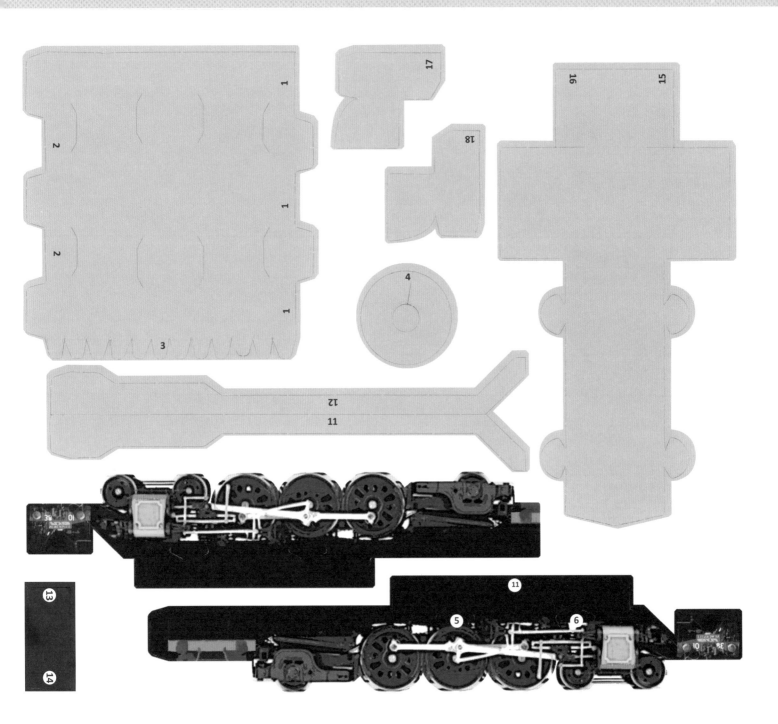

1945 볼드윈 1000 I/DE Baldwin 1000 I/DE

제2차 세계대전 당시, 미국은 나치 독일에 대항하여 소련을 포함한 유럽의 동맹국들을 지원했다. 미국은 전쟁을 수행하기 위해 고생하고 있던 소련을 돕기 위해 총 1981대의 기관차를 보내주었다. 1945년, 볼드윈 기관차 제작소가 만든, 운전실이 포함된 총 30대의 육중한 디젤전기기관차가 배편으로 소련으로 수송되었다. 이것이 볼드윈 사가 수출용으로 제작한 최초의 디젤기관차였다.

소련에 제공된 것 중 마지막 남은 기관차는 1982년까지 선로 보수용 기관차로 운행되었다.

57

1945 볼드윈 1000 I/DE

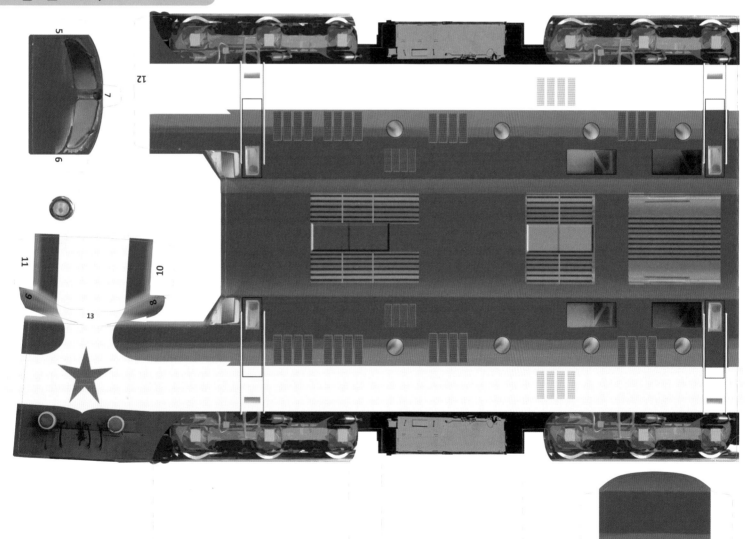

특징

- 유형: 디젤전기기관차
- 제작사: 펜실베이니아 주 필라델피아, 볼드윈 기관차 제작소
- 철도회사: 소비에트 국영철도(SZD, 지금은 러시아와 인근의 몇몇 나라들에 분산되어 있다.)
- 궤간: 152.4센티미터
- 최고속도: 시속 97킬로미터

필라델피아에 있는 볼드윈 기관차 제작소

볼드윈 1000 I/DE

볼드윈 기관차들은 러시아의 광궤(廣軌) 선로 위에서 운행되었으며, 오드즈호니키드제브스카이아(Ordzhonikidzevskaya) 노선과 트랜스-코카시아 노선(Trans-Caucasian network) 등에 투입되었다. 대부분의 볼드윈 기관차들은 냉전 시대에 접어들면서, 적대적인 두 강대국의 관계가 러시아의 겨울처럼 냉랭해진 1960년대까지 꾸준히 사용되었다.

58

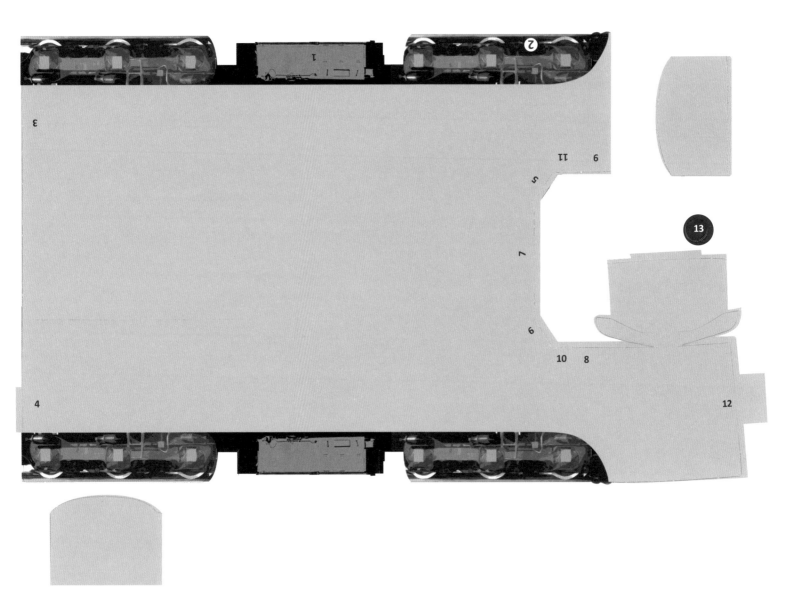

1946 골든 애로 Golden Arrow

1926년부터 그
후 오랫동안, 골든
애로 열차는 풀만식 객
차들을 끌고 연락 열차(항구까
지 승객을 실어 나르는 열차-옮긴이) 서비
스를 제공했으며, 런던의 빅토리아 역에서 도버
항까지 승객들을 실어 날랐다. 이 노선의 프랑스 구간, 즉
칼레(Calais, 도버 해협에 면한 프랑스의 항구 도시-옮긴이)에서 파리까지는
"플레슈 도르(영어로는 Golden Arrow, 황금 화살)"라고 불리었으며, 북철도회
사(Chemin de Fer du Nord)가 운영했다(나중에는 SNCF가 운영).

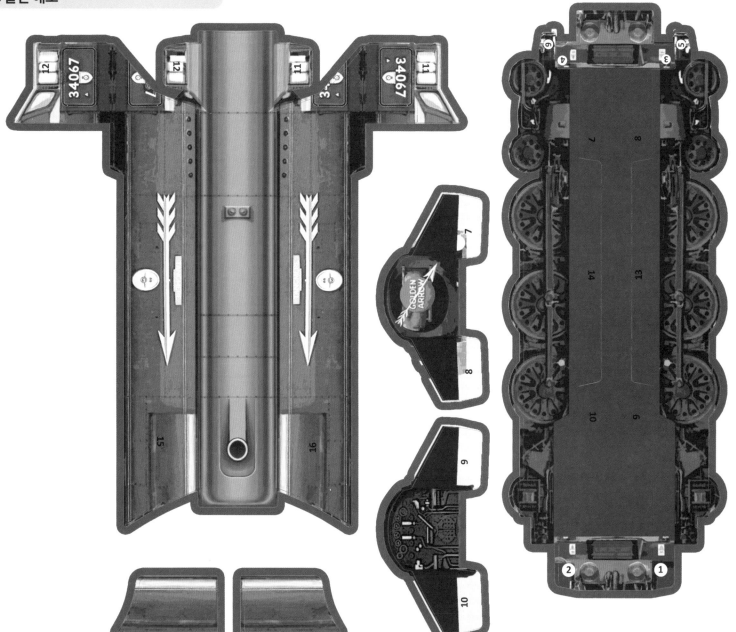

골든 애로 열차가 잉글랜드 켄트 주의 톤브리지(Ton-
bridge)에 접근하고 있다.

1946 골든 애로

특징

- 유형: 증기기관차 4-6-2
- 제작사: 잉글랜드 뉴햄프셔, SR 이스틀레이 제작소
- 철도회사: 잉글랜드, 서던 철도회사(SR), 나중에는 영국 국철(BR)이 운영.
- 궤간: 143.5센티미터
- 최고속도: 시속 121킬로미터

카를로 폰티(Carlo Ponti, 영화감독)와 소피아 로렌(Sophia Loren, 영화배우-옮긴이) 부부가 열차에 오르고 있다.

골든 애로

제2차 세계대전이 끝난 뒤 파리 운행이 재개되었다. 골든 애로 기관차는 세월에 따라 여러 모습으로 변했으나, 사진에 보이는 이 1946년산 기관차는 서던 철도회사가 운영하는 배틀 오브 브리튼급(Battle of Britain Class) 열차이다. 이 열차는 잉글랜드 남부 지역에 깔려 있는 다양한 유형의 선로를 달리기에 적합하도록, 퍼시픽 타입의 열차를 보다 경량화한 모델이다. 공기역학적으로 디자인된 이 열차의 모양은 올리버 불레이드(Oliver Bulleid)라는 엔지니어의 작품으로서 곧 영국 기관차의 새로운 스타일로 자리매김했다.

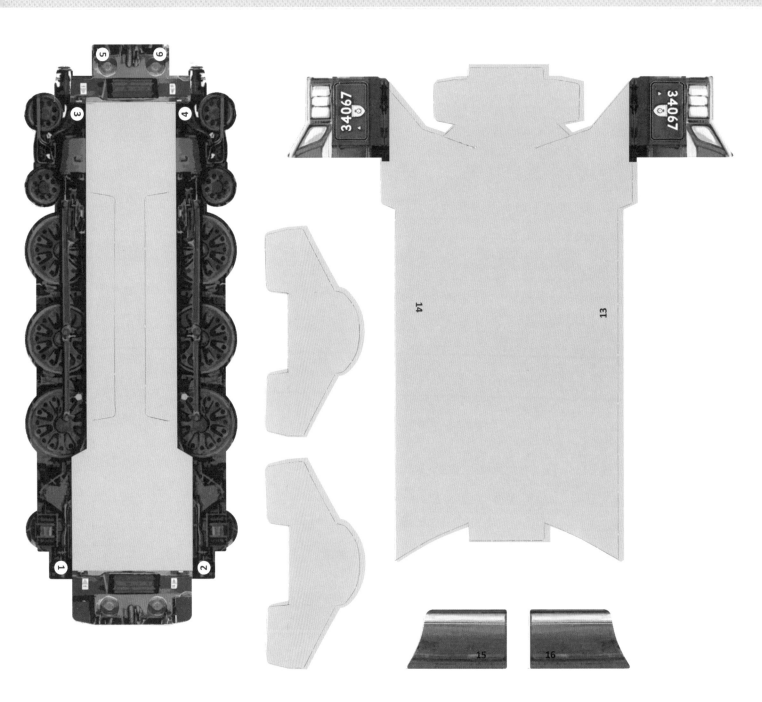

사우스 아프리칸 클래스 25 노던형(Nothern-type) 기관차는 남아프리카공화국과 독일에서 설계되었지만 그 중 11대는 1953년부터 스코틀랜드에서 제작되었다. 카루 고원과 칼라하리 사막 일대의 물 부족 현상 때문에 일부 기관차에는 냉각장치가 설치되었다.

클래스 25 기관차는 화물열차와 승객열차를 모두 운반하였으며, 유명한 블루 트레인 노선(The Blue Train, 남아프리카 공화국의 호화 철도 여행 시스템—옮긴이)에 소속된 열차들을 끌고 다녔다.

61

1953 사우스 아프리칸 클래스 25NC

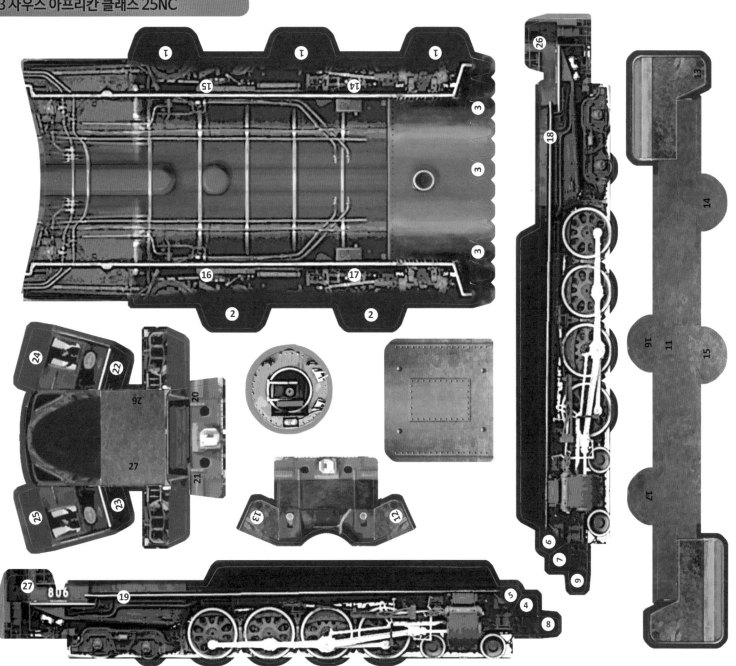

특징

- 유형: 증기기관차 4-8-4
- 제작사: 스코틀랜드 글라스고, 노던 브리티시 로코모티브(NBL), 독일 카셀의 헨쉘 앤 선스 사
- 철도회사: 남아공 철도청(SAR)
- 궤간: 107센티미터
- 최고속도: 시속 159킬로미터

사우스 아프리칸 클래스 25NC

남아공에서 가장 유명한 승객 운송 서비스는 1920년대와 30년대에 요하네스버그-케이프타운 구간을 운행했던 연락 열차에서 시작되었다. 1997년 블루 트레인 운행 시스템은 프레토리아에서 케이프타운을 비롯, 유명 관광지를 경유하는 노선을 연결한 초호화 열차 운행 시스템으로 바뀌었다. 이런 객차들은 통상적으로 디젤기관차나 전기기관차들이 견인한다.

오늘날 운행되는 블루 트레인 소속 열차의 식당칸

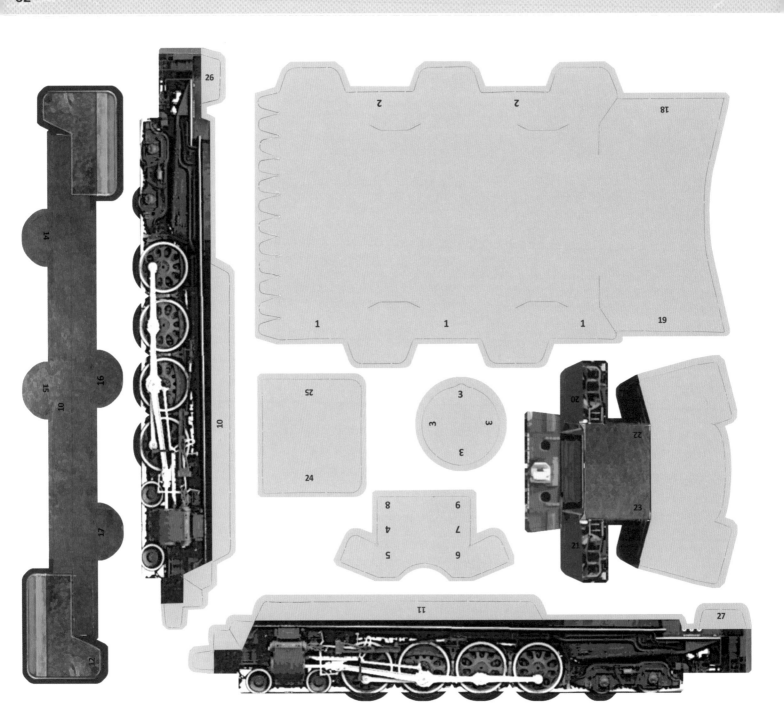

1953 도이치 분데스반 V200 Deutsche Bundesbahn V200

이런 종류의 기관차는 유압 전송 시스템을 사용해 파워를 한 쌍의 V-12 디젤엔진에서 구동축으로 전달했다. 유체식 디젤엔진은 독일에서 처음 개발되었다. 이 엔진의 비판자들은 이것이 디젤전기기관차보다 효율이 떨어진다고 주장하지만, 이 클래스 V200 기관차들은 상업적으로 성공한 모델에 속한다.

옛 서독 철도청은 1950년대와 1960년대에 V200 디젤 기관차를 개발했다.

1953 도이치 분데스반 V200

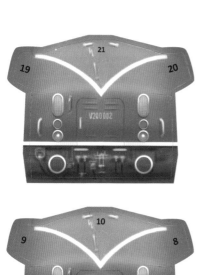

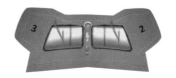

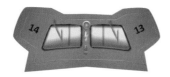

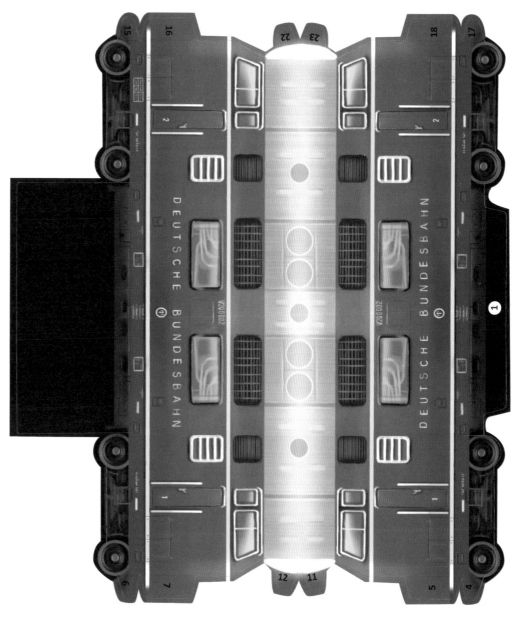

특징

- 유형: 유체식 디젤엔진
- 제작사: 독일 뮌헨의 크라우스–마페이 사와 킬 (Kiel)의 마크 사
- 철도회사: 옛 서독의 독일 국철(Deutsche Bundes-bahn, DB, 영어 이름은 German Federal Railway)
- 궤간: 143.5센티미터
- 최고속도: 시속 140킬로미터

도이치 분데스반 V200

V200 기관차는 독일 국철이 운영하는 노선에서 고속의 특급 승객열차들을 끌고 다녔는데, 여기에는 북부 독일에서 뮌헨을 왕복하는 유명한 블라우에르 엔지안 노선도 포함되어 있다. 나중에는 지선 운행 및 화물 열차 견인용으로도 사용되었다. V200 기관차는 퇴역할 때까지 유럽의 여러 나라 외에 알제리, 사우디아라비아 등에도 수출되었다.

64

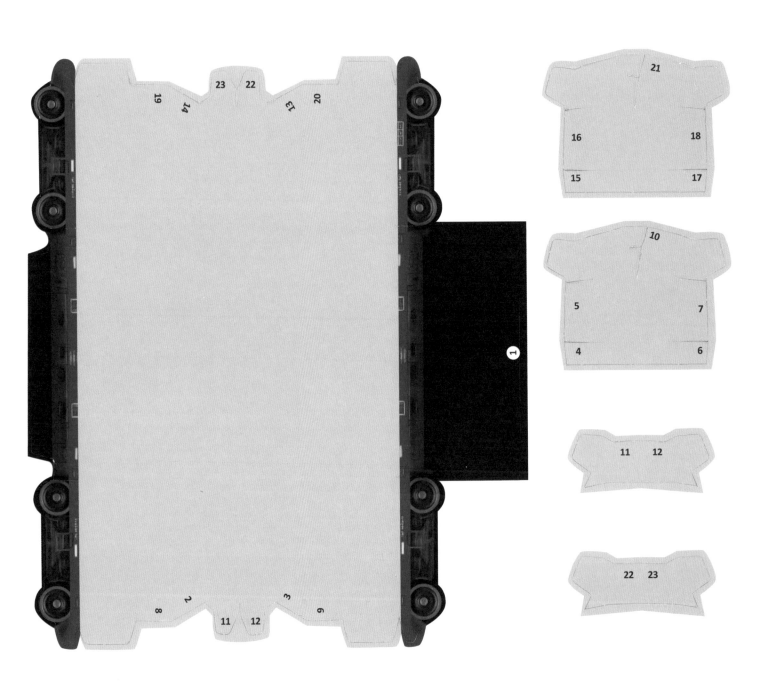

1954 소비에트 P36 골든 이글 Soviet P36 Golden Eagle

한 쌍의 실린더를 장착하고 석탄으로 달리는 P36 클래스 기관차는 옛 소련이 제작한 것 중 가장 정교한 증기기관차였다. P36 기관차는 모스크바에서 레닌그라드(현재의 상트페테르부르크)까지 특급 열차들을 끌고 다녔으며, 다른 많은 노선에도 투입되었다. 2007년 러시아 당국은 1954년에 제작된 32호 기관차를 힘들여 복원한 뒤, 골든 이글이라는 호화 관광열차를 견인하는 데 투입했다.

상징색으로 치장한 호화로운 골든 이글 열차를 운행하는 P36 기관차의 웅장한 모습.

65

1954 소비에트 P36 골든 이글

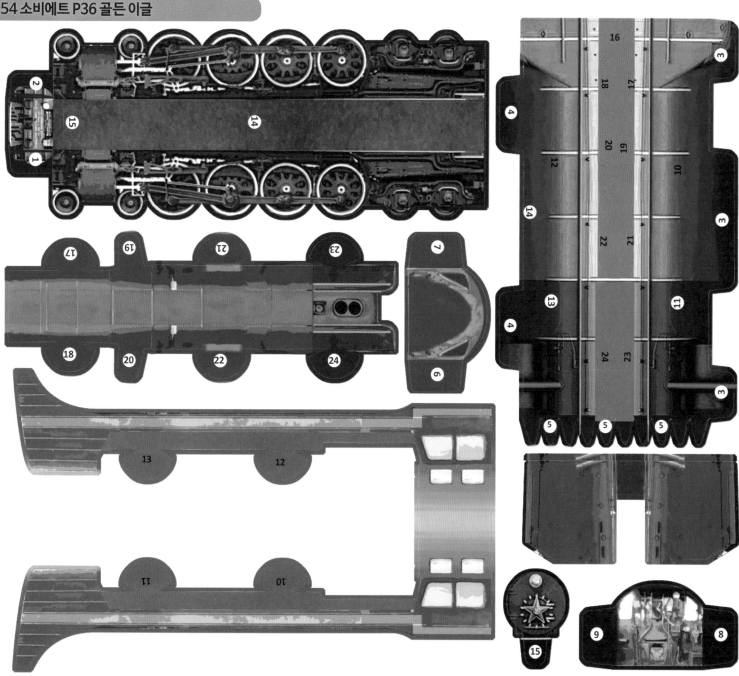

특징

- 유형: 증기기관차
- 제작사: 옛 소련(현 러시아), 콜롬나 기관차 제작소
- 철도회사: 소비에트 국영철도(SZD)
- 궤간: 152.4센티미터
- 최고속도: 시속 132킬로미터

세계에서 가장 긴 철도노선

소비에트 P36 골든 이글

P36 기관차는 과거는 물론, 현재에도 시베리아 횡단철도(Trans-Siberian Railway, TSR) 노선의 여러 구간에서 운행되고 있다. 이 노선은 세계에서 가장 긴 철도노선으로 모스크바에서 블라디보스토크까지, 전체 길이가 9,289킬로미터에 달한다. 이 철도여행에는 총 8일이 걸리며, 무려 7개의 시간대를 통과한다. 이 노선은 몽고와 중국의 철도망에 각각 연결되어 있다.

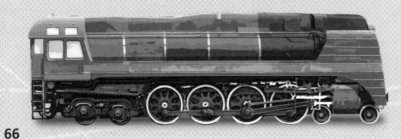

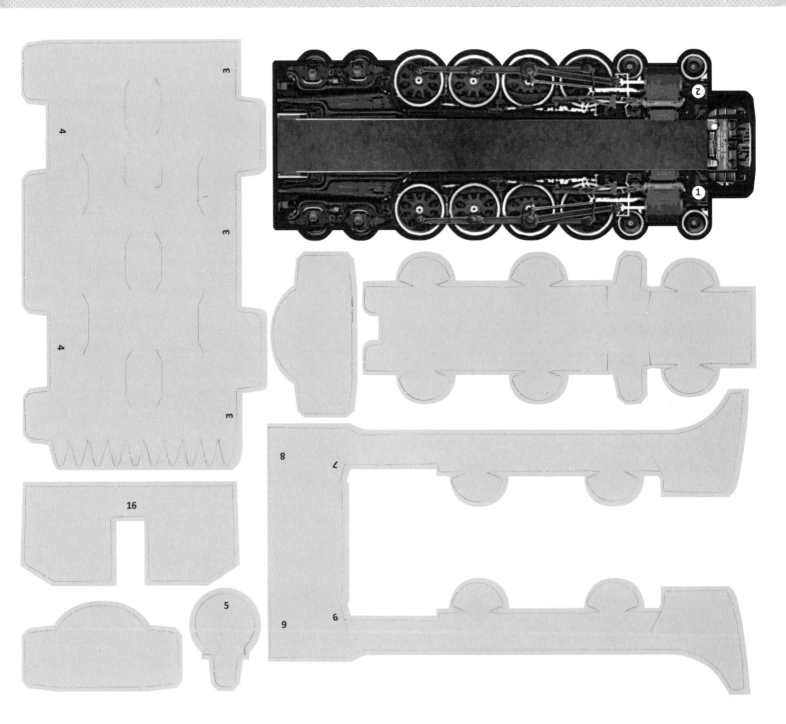

이 경량급 전철기(轉轍機, 열차의 선로를 바꾸는 데 사용하는 기관차—옮긴이)는 자동차용 트랜스미션과 비슷한 기계식 전동장치를 사용하여 8기통 디젤엔진에서 출력된 동력을 바퀴에 전달했다. 이 부지런한 일꾼 기관차는 1957년에서 1961년까지, 총 230대가 생산되었다. 이 열차들은 영국 전역의 마샬링 야드(Marshalling Yard, 하역했거나 적재하기 위하여 컨테이너를 정렬해두는 부두의 광대한 구역—옮긴이)에 투입돼 화물 운반에 동원되었으며, 그 중 한 대는 2013년까지 운행되었다.

클래스 03 스위처가 푸른색과 노란색이 어우러진 영국 철도청의 상징색으로 치장한 채 열심히 임무를 수행하고 있다.

67

1957 브리티시 레일 클래스 03 스위처

- 유형: 기계식 디젤 전철기(轉轍機)
- 제작사: 잉글랜드, BR 스윈던 앤 돈캐스터 제작소
- 철도회사: 영국 국철(BR)
- 궤간: 143.5센티미터
- 최고속도: 시속 47킬로미터

철도의 안전을 위해 경고 표시를 한 열차

브리티시 레일 클래스 03 스위처

우리는 각종 신기록을 세운 열차, 화려한 특급열차, 초호화 관광열차들에 가려 철도 역사에 있어 이름 없는 영웅들을 잊기 쉽다. 예컨대 자그마한 전철기, 차장차(車掌車, 화물 열차에 편승해야 하는 차장이나 호송인을 태울 수 있게 화물열차에 연결하는 차량─옮긴이), 수많은 종류의 화차 등이 2세기가 넘는 기간 동안 열차들이 매일매일 이상 없이 움직이게 하는 데 동원되었다.

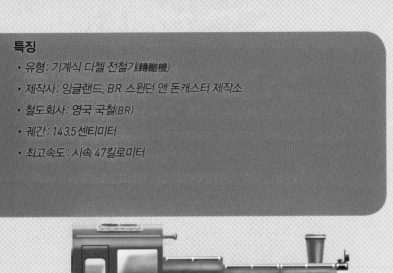

68

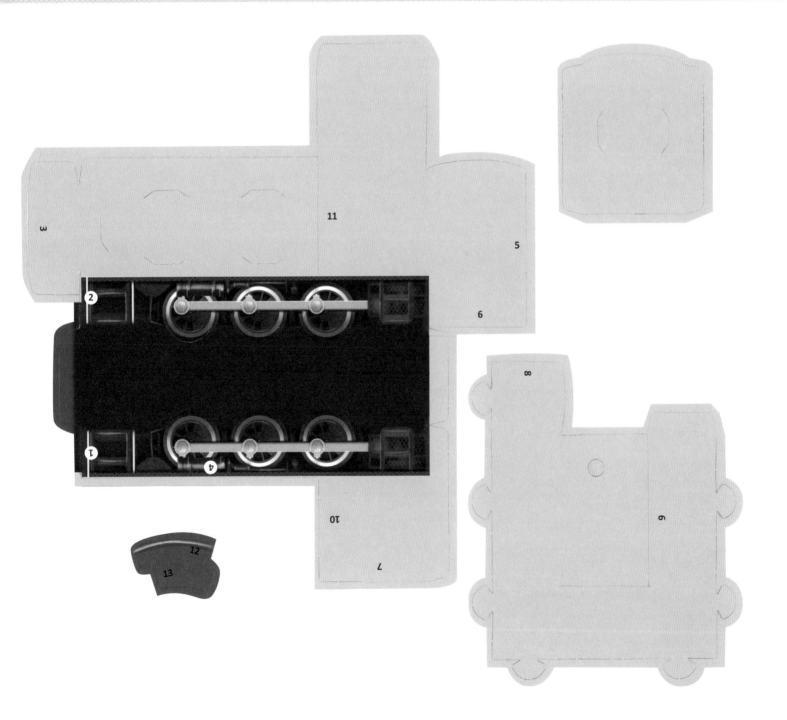

1959 티토 플라비 보즈(블루 트레인) TiTo's Plavi Voz(Blue Train)

이 블루 트레인에는 유고슬라비아의 전 대통령 요시프 브로즈 티토(Josip Broz Tito)의 전용 객차가 포함되어 있다. 이 열차는 1980년 그가 죽은 뒤, 벨그라드의 철도 측선(대피선)에 보관되어, 철도원들의 관리를 받았다. 이후, 이 열차들은 재단장한 뒤 2013년부터 세르비아 철도청에 임대되어, 모험 기차 여행 프로그램에 투입되었다. 이 열차는 현재 벨그라드에서 몬테네그로 아드리아 해의 해안을 따라 달리는 경치 좋은 노선에서 운행되고 있다.

이 블루 트레인 열차에 있는 티토의 집무실은 지금도 관광객들에게 개방되어 있다.

1959 티토 플라비 보즈(블루 트레인)

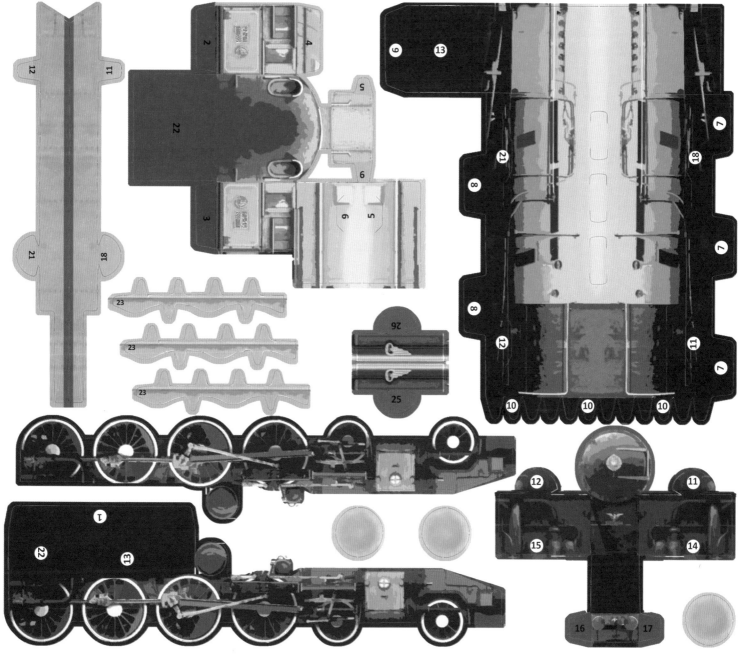

특징

- 유형: 호화 객차
- 제작사: 증기기관차 유고슬라비아 시리즈 11/MAVAG 424; 디젤 크라우스–마페이 ML 2200 제너럴 모터스 666–JT 22CW–2
- 철도회사: 유고슬라비아 철도청(JDZ), 나중에 세르비아 철도청(SDZ)으로 바뀜.
- 궤간: 143.5센티미터

티토 플라비 보즈(블루 트레인)

티토 전 대통령의 전용 열차는 호화로운 침실과 욕실, 전용 집무실, 그리고 한때 국가의 대소사를 토의했던 회의실용 객차 등으로 구성되어 있다. 이 열차에 탑승했던 수많은 저명인사 중에는 이집트, 리비아, 그리고 옛 소련의 지도자, 엘리자베스 2세 여왕, 이란의 국왕 등도 포함되어 있다. 또 이 열차는 1980년 티토의 관을 장례식장으로 운구하는 데에도 사용됐다.

티토 블루 트레인 열차가 역에 진입하고 있다.

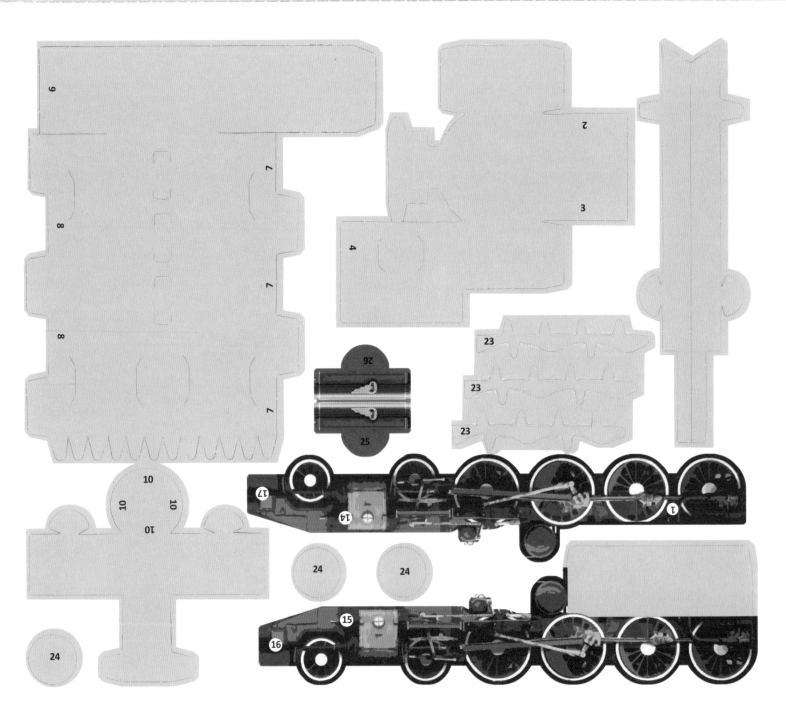

1961 브리티시 레일 클래스 55 델틱 British Rail Class 55 Deltic

영국 철도에서 이 들창코처럼 생긴 디젤전기열차가 맬러드 기관차(49쪽 참조) 같은 니겔 그레슬리 경이 설계한 퍼시픽 타입의 기관차들을 대체했다. 이 새내기 열차들은 무게가 99톤에 달했고, 나피에르 델틱 D18-25 디젤엔진의 힘으로 움직였다. 정상적인 운행 조건에서 이 열차의 최고 속도는 시속 약 160킬로미터에 달했다.

델틱 기관차들은 정말 파워가 대단하여, 런던─에든버러 구간을 5시간 30분 만에 주파했다.

71

1961 브리티시 레일 클래스 55 델틱

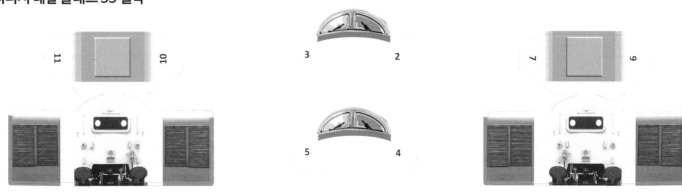

특징

- 유형: 디젤전기기관차
- 제작사: 잉글랜드 뉴턴르윌로스(Newton-le-Willows), 잉글리시 일렉트릭, 벌컨 주철공장
- 철도회사: 영국 국철(British Railways)
- 궤간: 143.5센티미터
- 최고속도: 시속 160킬로미터

이 기관차에 장착된 쌍둥이 엔진. 각각 1650마력의 출력을 자랑한다.

브리티시 레일 클래스 55 델틱

1960년대부터 델틱 기관차는 영국 동해안을 따라 런던, 리즈, 에든버러까지 고속 승객열차를 끌고 달림으로써 영국에서는 상당히 친숙한 모습으로 자리 잡았다. 이 열차의 색은 세월을 거치면서 다양하게 바뀌었으나, 1966년부터는 영국 국철의 상징색인 푸른색과 노란색이 어우러진 무늬로 통일되었다. 델틱 기관차는 1982년까지 본연의 임무를 완수한 뒤, 인터시티 125 고속열차로 대체되었다.

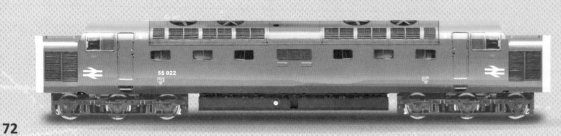

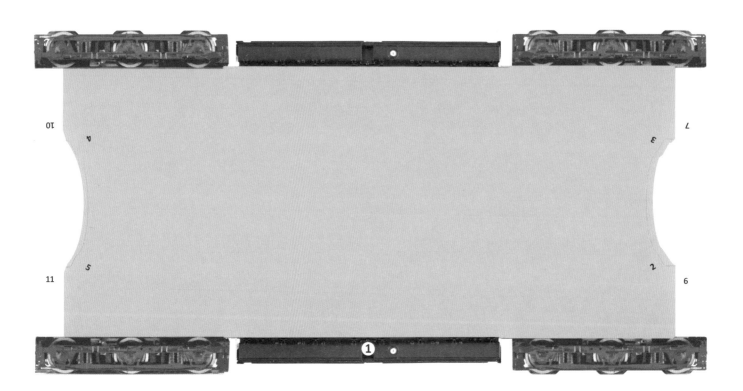

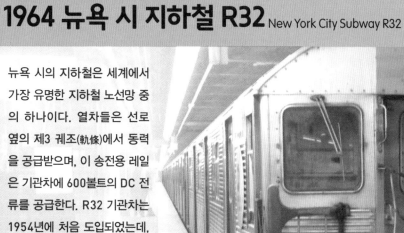

뉴욕 시의 지하철은 세계에서 가장 유명한 지하철 노선망 중의 하나이다. 열차들은 선로 옆의 제3 궤조(軌條)에서 동력을 공급받으며, 이 송전용 레일은 기관차에 600볼트의 DC 전류를 공급한다. R32 기관차는 1954년에 처음 도입되었는데, 그중 일부는 반세기가 지난 지금도 운행되고 있다.

R32 열차는 가로 홈이 패여 있는 반짝이는 차체 때문에 "형광펜"이라는 별명이 붙었다.

73

1964 뉴욕 시 지하철 R32

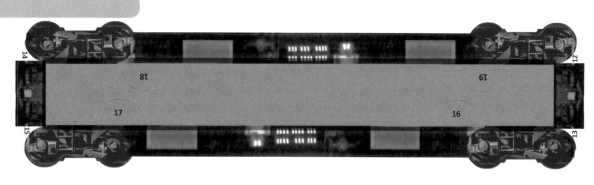

특징

- 유형: 지하 전철
- 제작사: 펜실베이니아 주 필라델피아 소재, 버드 사
- 철도회사: 뉴욕 시 교통청(New York City Transit Authority)
- 궤간: 143.5센티미터
- 최고속도: 시속 89킬로미터

뉴욕 시 지하철 R32

1970년대부터 그라피티 예술가들은 지하철 차량들을 표적으로 삼았다. 어떤 사람들은 이것을 공공기물 파손 행위로 간주하지만, 종종 강한 인상을 주기도 하는 이곳의 그림들을 무질서하지만 새로운 예술 형태로 찬양하는 사람들도 있다. 당국은 일부 남아 있는 R32 기관차들을 대상으로, 마모된 부품을 갈고 낙서들을 제거함으로써 수명을 연장했다.

그랜드 센트럴 역의 플랫폼

74

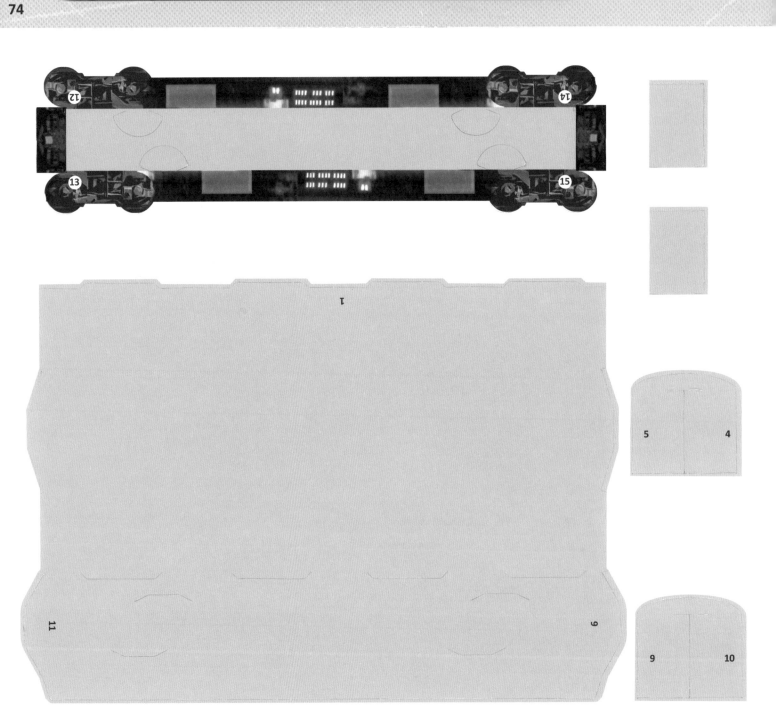

1969 유니언 퍼시픽 EMD DDA40X Union Pacific EMD DDA40X

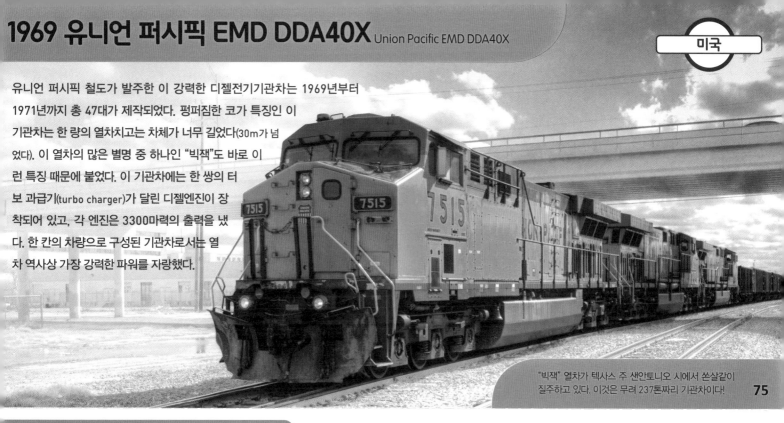

유니언 퍼시픽 철도가 발주한 이 강력한 디젤전기기관차는 1969년부터 1971년까지 총 47대가 제작되었다. 펑퍼짐한 코가 특징인 이 기관차는 한 량의 열차치고는 차체가 너무 길었다(30m가 넘었다). 이 열차의 많은 별명 중 하나인 "빅잭"도 바로 이런 특징 때문에 붙었다. 이 기관차에는 한 쌍의 터보 과급기(turbo charger)가 달린 디젤엔진이 장착되어 있고, 각 엔진은 3300마력의 출력을 냈다. 한 칸의 차량으로 구성된 기관차로서는 열차 역사상 가장 강력한 파워를 자랑했다.

"빅잭" 열차가 텍사스 주 샌안토니오 시에서 쏜살같이 질주하고 있다. 이것은 무려 237톤짜리 기관차이다!

1969 유니언 퍼시픽 EMD DDA40X

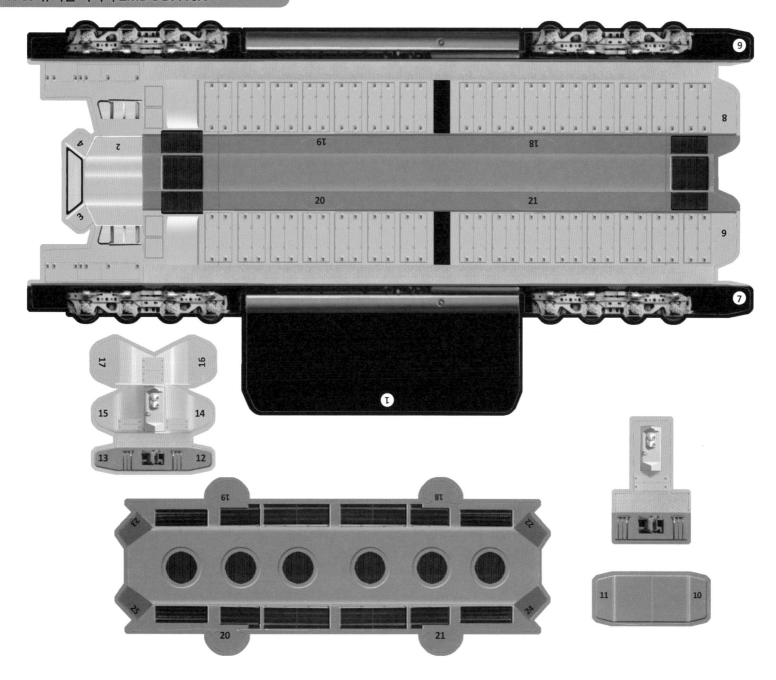

특징

- 유형: 디젤전기기관차
- 제작사: 일리노이 주 라그레인지, 제너럴 모터스 사 EMD 부분
- 철도회사: 유니언 퍼시픽 철도(UP)
- 궤간: 143.5센티미터
- 최고속도: 시속 129킬로미터

DDA40X 기관차가 많은 화물차를 끌고 와이오밍 주 록스 프링 평원을 달리고 있다.

유니언 퍼시픽 EMD DDA40X

DDA40X 기관차는 "센테니얼"이라는 이름으로도 불린다. 생산 기지에서 최초로 출고된 기관차가 대륙횡단철도 건립 100주년 기념식에 참가하기 위해 제작되었기 때문이다. 이 기관차는 "골드 스파이크(황금 대못이라는 뜻. 대륙횡단 철로의 마지막 구간을 연결할 때 기념으로 황금 대못을 박은 데서 유래-옮긴이) 사"라는 적절한 이름이 붙은 열차를 이끌고 유타 주 세인트루이스로 갔다.

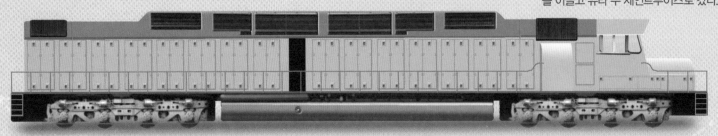

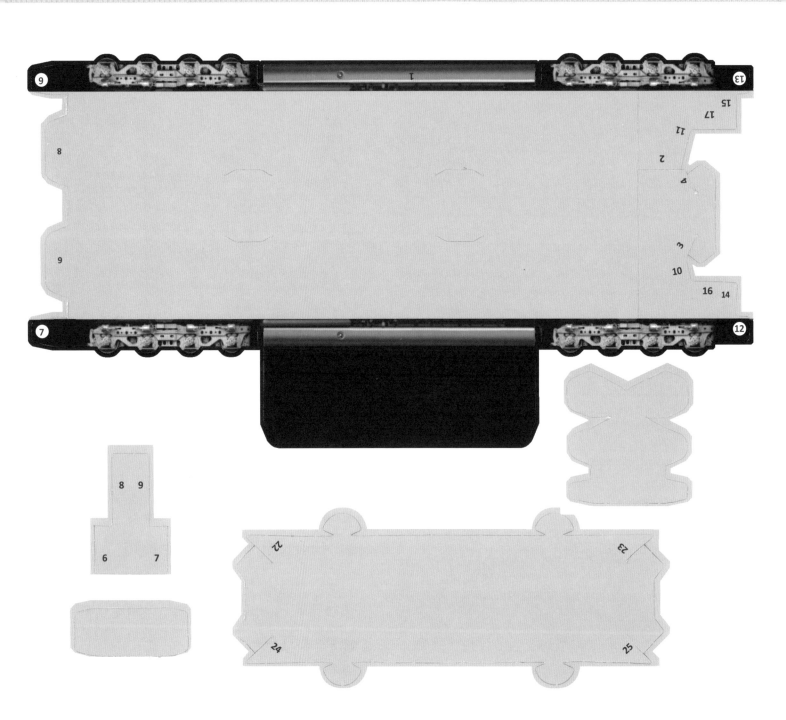

1976 영국 국철 인터시티 125 British Rail Intercity 125

1976년만 해도 인터시티 125 HST(고속 열차)는 세계 각지에서 운행되던 디젤 기관차 중 가장 빠른 기관차에 속했다. "125"라는 숫자는 허용 된 최고 운행 속도를 나타낸다.

인터시티 125 열차가 레스터셔(잉글랜드 중부의 주(州))의 평원을 질주하고 있다. **77**

1976 영국 국철 인터시티 125

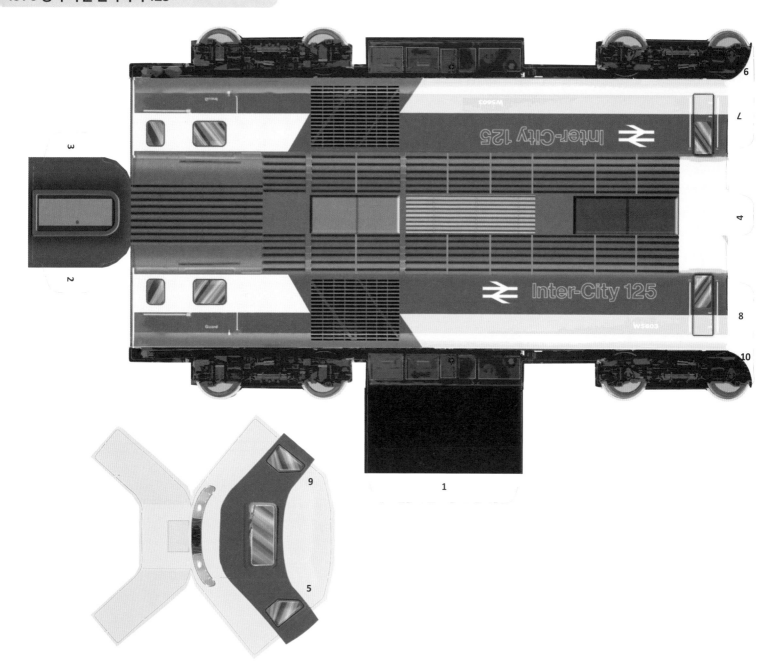

특징

- 유형: 디젤기관차
- 제작사: 잉글랜드, 영국 국철 엔지니어링 사(BREL) 소속의 크루(Crewe) 공장
- 철도회사: 영국 국철(British Rail)
- 궤간: 143.5센티미터
- 최고속도: 시속 238킬로미터

영국 국철 클래스 43 인터시티 125

유선형으로 디자인된 앞부분 때문에 쉽게 알아볼 수 있었던 이 열차는 실제로 당시 영국 전역의 기차역에서 목격되었다. 이 열차는 영국 국민 사이에서 기차 여행에 대한 흥미를 다시 일깨워준 열차로 평가받는다. 이 125 열차의 광고에는 이 열차가 "기차의 시대"를 선포했다고 나와 있는데, 새로운 세대의 고속 열차가 곧 전 세계 철도 운송계의 판도를 바꿔놓을 것이라는 예상은 사실로 드러났다.

런던 서부의 패딩턴 역

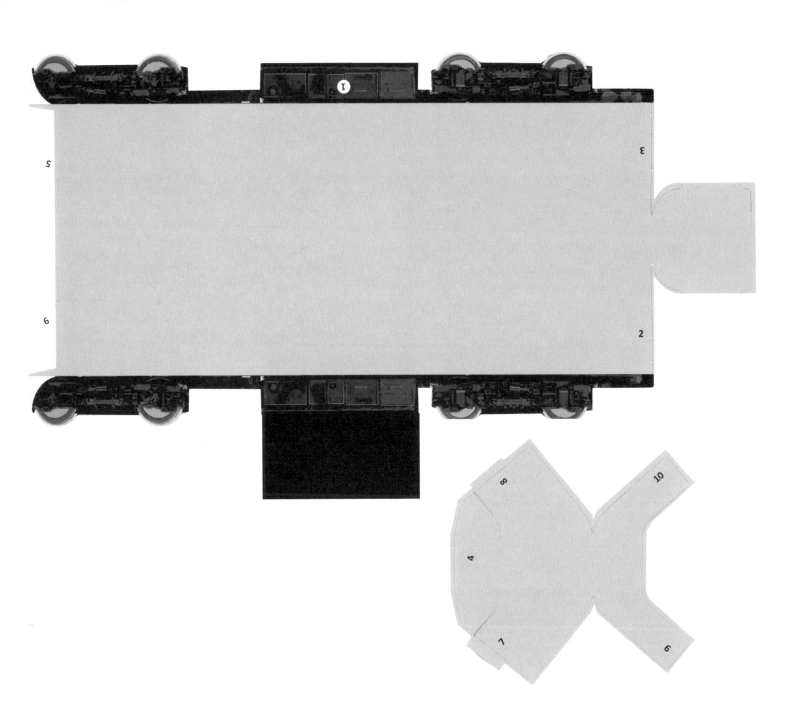

1981 SNCF TGV

TGV는 Train à Grande Vitesse("고속 철도"라는 뜻)의 이니셜이다.
이 열차를 설계한 프랑스의 엔지니어들이 당초 계획한 것
은 가스 터빈으로 동력을 생산하는 기관차였으
나, SNCF(프랑스 국유철도)는 결국 사진
과 같은 유선형 특급열차를 끌
고 다니는 전기 견인
형 기관차
를 선택했
다. 그 후
세월이 흐르면
서 이 기관차의 다양
한 모델들이 등장했다.

한 기관사가 남부 프랑스의 한 역에서
TGV 열차에 탑승하고 있다.

1981 SNCF TGV

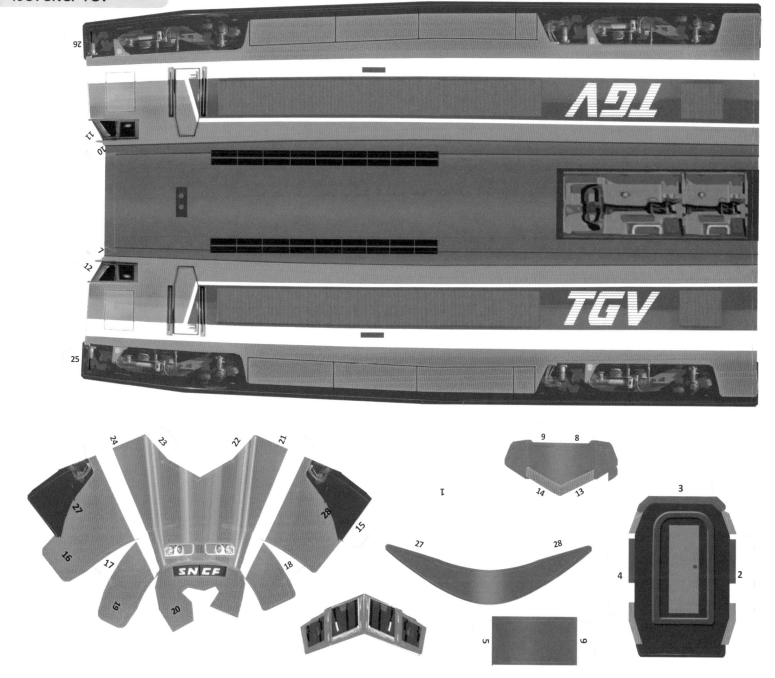

특징

- 유형: 고속 전철
- 제작사: 프랑스, 알스톰(Alstom) 사
- 철도회사: 프랑스 국유철도(Société Nationale des Che-
  mins de fer Français, SNCF)
- 궤간: 143.5센티미터
- 최고속도: 시속 322킬로미터

SNCF TGV

TGV 열차는 운행 속도가 너무 빨라 이 열차를 위한 새로운 전용 선로가 프랑스를 비롯, 여러 나라에서 신설되어야 했다. 아울러 자동화 신호 체계도 새로이 개발되어야 했다. 대부분의 TGV 열차는 시속 270킬로미터에서 299킬로미터의 속도로 운행되지만, 신설된 선로들은 시속 351킬로미터로 달리는 열차들도 수용할 수 있게 설계되었다. 2011년 특수 제작된 TGV 열차가 시속 574킬로미터가 넘는 속도로 달림으로써 바퀴 달린 열차로서는 세계 최고 기록을 세웠다.

TGV 아비뇽 역

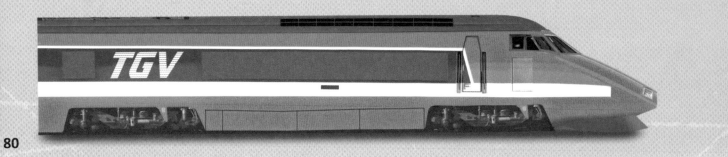

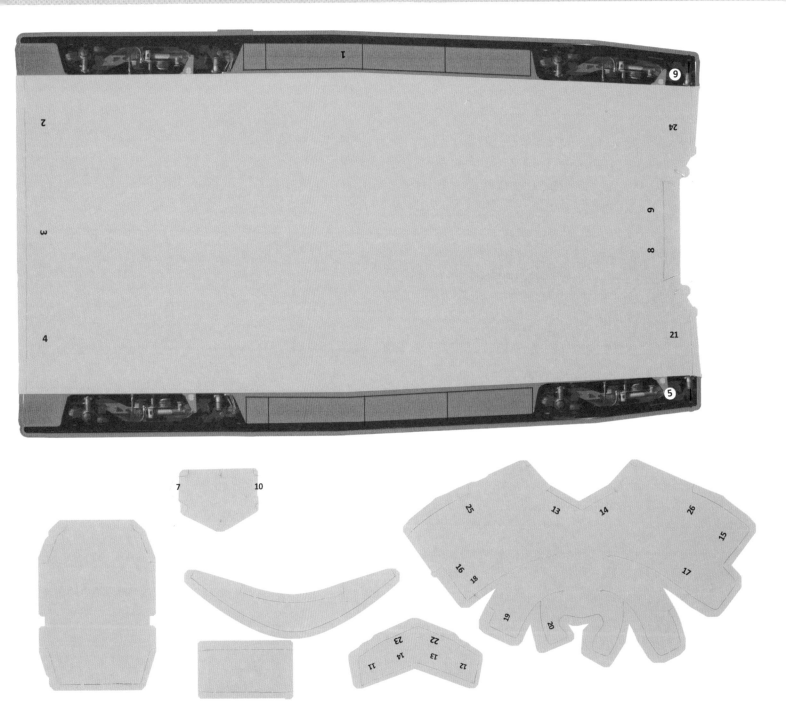

1982 베니스-심플론 오리엔트 특급 Venice-Simplon Orient Express

베니스–심플론 오리엔트 특급(VSOE)은 1982년에 출범한 호화 관광열차 노선으로, 런던과 이탈리아의 베니스를 비롯한 여러 유럽 도시들을 연결하고 있다. VSOE는 잉글랜드와 유럽에서 운행하기 위한 목적으로 호화로운 객실 차량들을 갖추었는데, 이런 호화 열차의 기원은 멀리 1920년대와 1930년대까지 거슬러 올라간다.

VSOE 열차에 딸린 객차들은 리츠 국제회사(Compagnie Internationale des Wagons–Lits)가 제작했다.

1982 베니스-심플론 오리엔트 특급

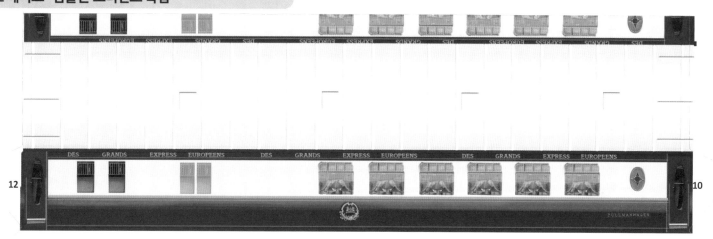

12   10

11   21   20   9

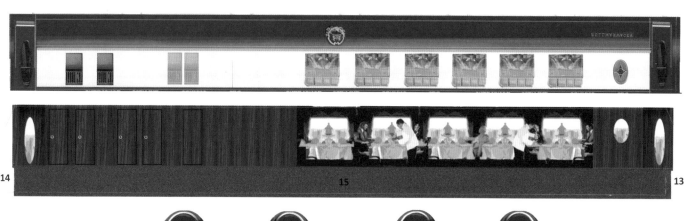

14   15   13

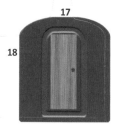

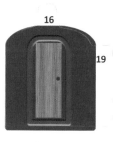

17   8   5   4   1   16

18   21   20   19

7   6   3   2

특징

- 유형: 복원된 유서 깊은 객차들이 딸린 호화 열차
- 최초의 제작사: 영국 스메디크(잉글랜드 중부, 버밍엄 인근의 도시─옮긴이)에 있는 버밍엄 철도 객차 및 화물기차 제작사를 비롯하여 프랑스 및 벨기에에 있는 기타 제작사들
- 철도 회사: 유럽 전역에 산재한 VSOE 기착지의 철도 회사들
- 궤간: 143.5센티미터

〈오리엔트 특급 살인사건〉은 1974년에 영화화되었다.

베니스─심플론 오리엔트 특급

오리엔트 특급 열차의 원조는 1883년에서 2009년까지 서부 유럽과 터키의 이스탄불 사이를 운행한 이국적인 승객열차였다. 그후 다양한 노선들이 운행되었다. 이 열차가 누리는 로맨틱한 명성은 아가사 크리스티의 탐정소설 〈오리엔트 특급 살인사건(1934년)〉 때문에 더욱 커졌다.

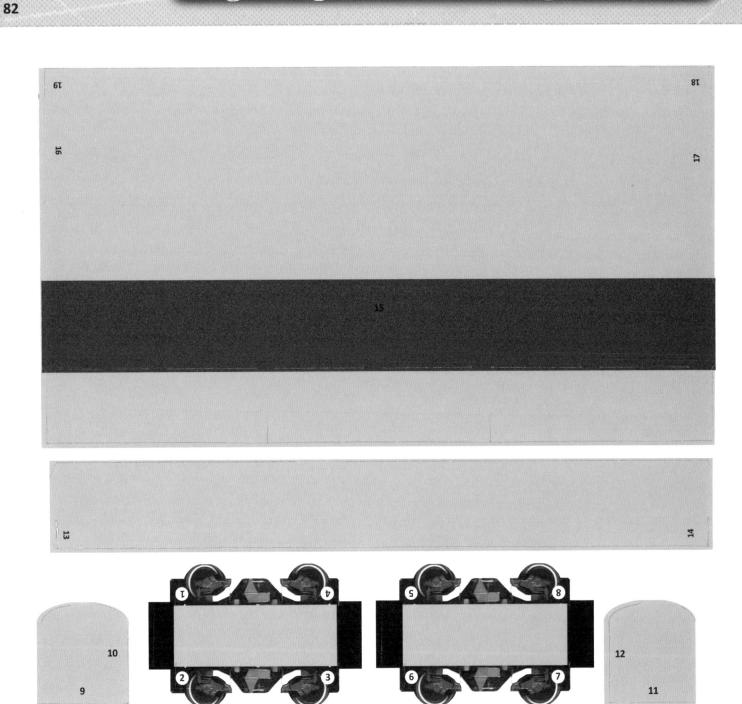

1982 팰리스 온 휠스 Palace on Wheels

팰리스 온 휠스는 1982년 인도의 라자스탄 지역에서 시작된 호화로운 관광열차 서비스이다. 운행되는 호화 객차들은 인도의 옛 통치자인 마하라자(maharajah, 과거 인도 여러 토후국들을 다스리던 군주들–옮긴이)의 시대를 연상시킨다. 옛날에 대한 향수 덕분인지 이 열차 서비스는 성공을 거두었고, 자매격으로 시작된 또 다른 열차 운행 서비스는 현역 기관차로는 세계에서 가장 오래된 페어리퀸(1855년) 기관차가 주역을 맡고 있다.

옛날식 호화 만찬

1982 팰리스 온 휠스

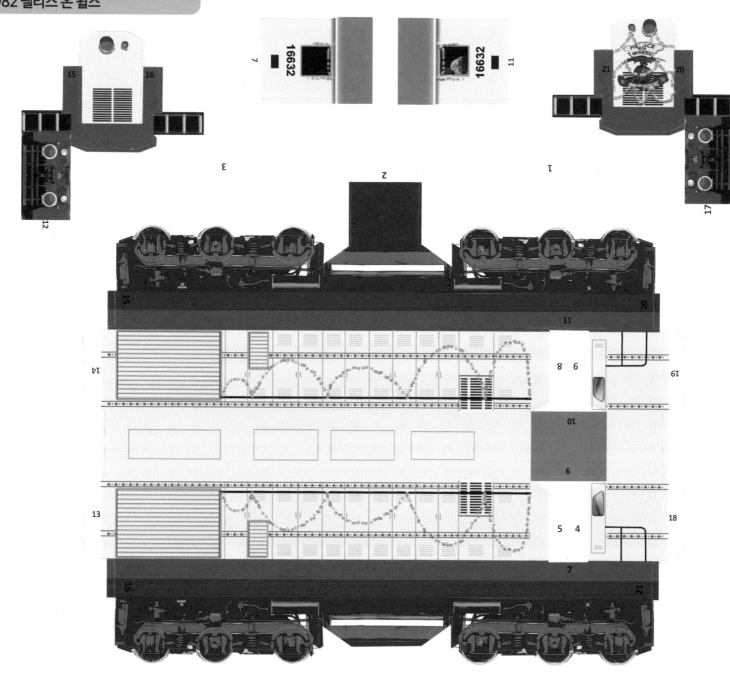

특징

- 유형: 디젤기관차
- 제작사: 뉴욕 주 스키넥터디(Schenectady), 아메리칸 로코모티브 사(ALCO), 나중에는 인도 바라나시(인도 북부 갠지스 강변의 힌두교 성지–옮긴이)에 있는 디젤기관차 제작소로 바뀜.
- 철도회사: 인도 철도(India Railways)
- 궤간: 168센티미터
- 최고속도: 시속 121킬로미터

팰리스 온 휠스

이 사진에서처럼 팰리스 온 휠스 열차를 견인하고 있는 인도 철도 소속의 WDM-2 디젤전기기관차는 인도 철도가 운영하는 노선에서 가장 흔히 볼 수 있는 기관차이다. 기관차의 원형은 1962년 미국에서 수입되었으나 인도 철도에 소속된 기관차 제작소가 제작 책임을 넘겨받아 2700대 이상의 기관차를 생산했다. 1998년 마지막 기관차가 제작되었으며, 2013년까지 운행되었다.

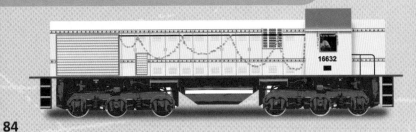

제복을 입은 팰리스 온 휠스 열차의 승무원들이 WDM-2 기관차 앞에서 포즈를 취하고 있다.

84

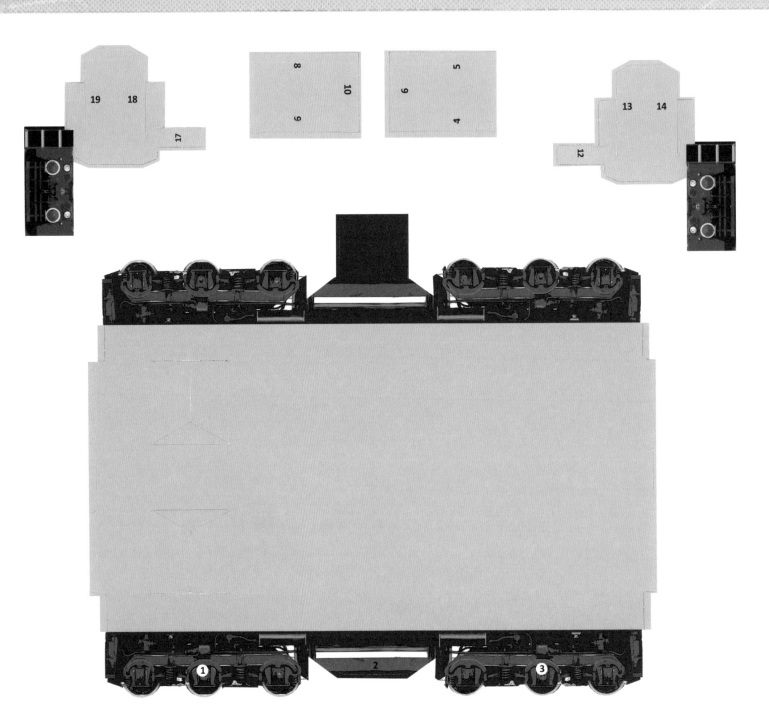

1984 신칸센(新幹線) 시리즈 100 Shinkansen Series 100

일본이 개발한 신칸센 고속 열차는 1964년부터 운행되었다. 시리즈 100 열차들은 1984년에 도입되었고, 흔히 "탄환열차"라는 별명으로 불리어진다. 노선이 지방으로 신속히 확장되면서 현대 일본의 상징으로 여겨졌다. 현재 도쿄와 일본 전역의 주요 대도시들이 신칸센 전용 선로에 의해 거미줄처럼 연결되어 있다.

일본은 이 탄환열차를 개발함으로써 고속 열차 시대를 선도했다. 이 시리즈 100 열차는 2012년까지 운행되었다.

1984 신칸센(新幹線) 시리즈 100

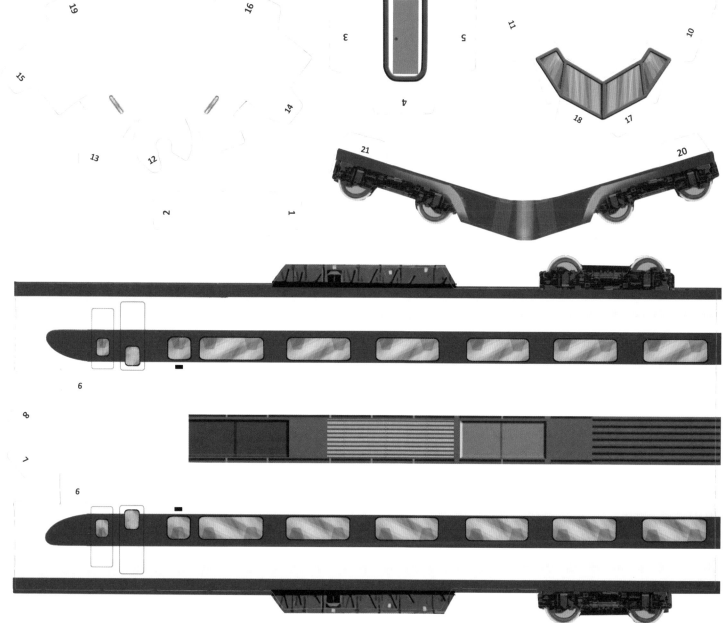

특징

- 유형: 고속 전철
- 제작사: 히타치, 가와사키, 긴키 철도차량 제작사, 닛폰 철도 차량 제작사, 도쿄급행전철
- 철도회사: 일본 국유철도(JNR), 나중에 재팬레일 그룹(JR)으로 바뀜.
- 궤간: 100센티미터, 나중에 143.5센티미터로 바뀜
- 최고속도: 시속 220킬로미터

탄환열차가 후지산을 스치듯 지나가고 있다.

신칸센(新幹線) 시리즈 100

주로 알루미늄으로 만들어진 이 열차들은 사이리스터 위상 제어기로 조작하는 직류 전기 모터가 장착되어 있다. 팬터그래프식 집전기(集電器)가 가공전선(架空電線)에서 전류를 집전하여 열차에 전달하는 방식으로 움직인다. 이 열차들이 일본 교외 지역으로 질주하는 모습은 효율적 여행을 상징하는 인상적인 이미지를 나타낸다.

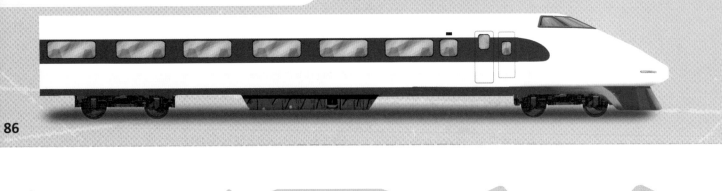

86

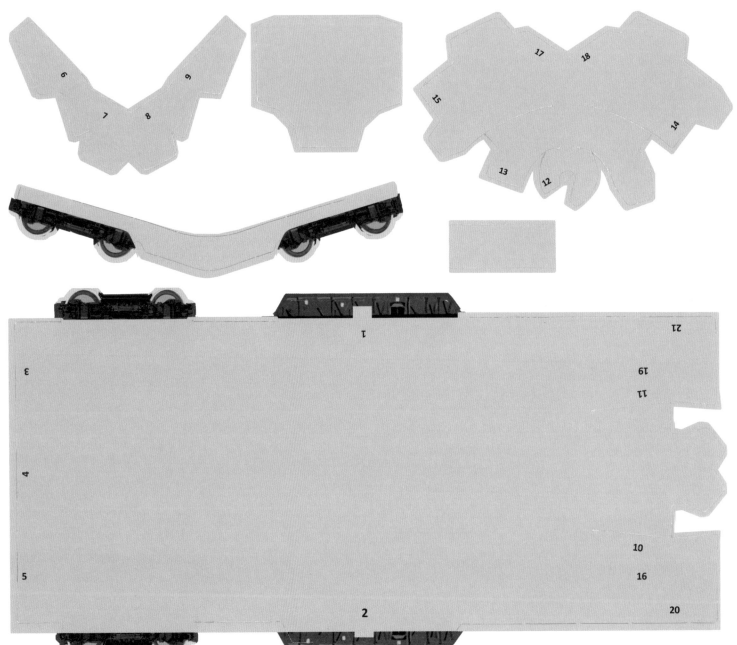

1988 뉴질랜드 코스털 퍼시픽 NZ Coastal Pacific

이 땅딸막한 뉴질랜드의 DC 클래스 디젤전기기관차는 1980년에 제작되었으며, 제너럴 모터스가 만든 V12 디젤엔진과 4개의 견인 모터가 장착되어 있다. 사진은 이 기관차가 관광열차인 코스털 퍼시픽 열차를 끌고 있는 모습이다. 이 노선은 1988년 개통되었으며, 뉴질랜드의 크리스처치에서 픽턴까지 이어져 있다. 2011년 이 노선에는 경치 좋은 남섬(뉴질랜드 최대의 섬—옮긴이) 연안의 전경을 감상할 수 있는, 당시로서는 최신품 열차인 AK 클래스 객차들이 투입됐다.

코스털 퍼시픽 열차는 뉴질랜드 남섬에 있는 픽턴에서 여정을 마무리한다.

1988 뉴질랜드 코스털 퍼시픽

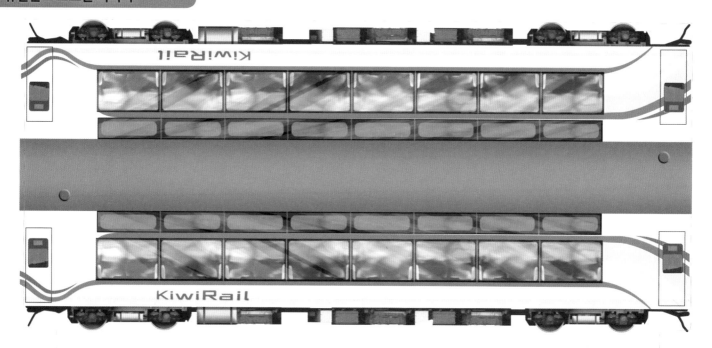

특징

- 유형: 디젤전기기관차
- 제작사: 캐나다, 제너럴 모터스 / 오스트레일리아, 클라이드 엔지니어링 / 뉴질랜드, 뉴질랜드 철도의 허트 제작소
- 철도회사: 뉴질랜드 철도(KiwiRail)
- 궤간: 107센티미터
- 최고속도: 시속 100킬로미터

뉴질랜드 코스털 퍼시픽

코스털 퍼시픽 열차는 장관을 이루는 해안선과 인상 깊은 카이코우라(Kaikoura) 산맥 사이를 오고간다. 승객들은 카이코우라 마을에서 하차하여 돌고래와 향유고래 떼를 관찰할 수 있다. 열차는 여러 포도밭, 경치 좋은 강어귀의 쉼터, 그리고 유명한 캔터베리 평원(Canterbury Plains)을 지나간다. 노선 길이는 총 348킬로미터이다.

북섬의 역에 정차해 있는 노던 익스플로러 AK 객차들이 손님을 기다리고 있다.

아베(Ave)는 Alta Velocidad Espanola(스페인말로 "고속"이라는 뜻)의 이니셜이고, 스페인어로 ave는 "새"를 뜻한다. 최초의 아베 노선은 1992년에 개통되었고, 스페인은 선로 길이가 총 3,058킬로미터에 달하는, 유럽에서 가장 긴 고속철도노선망을 자랑하고 있다. 아베 철도의 주요 역은 마드리드에 있는 아토차(Atocha), 바르셀로나의 산츠(Sants), 그리고 세비아의 산타주스타(Santa Justa) 역 등이다.

아베 100 시리즈 열차들은 스페인의 많은 성 옆을 고속으로 지나간다.

1992 렌페 아베 고속 열차

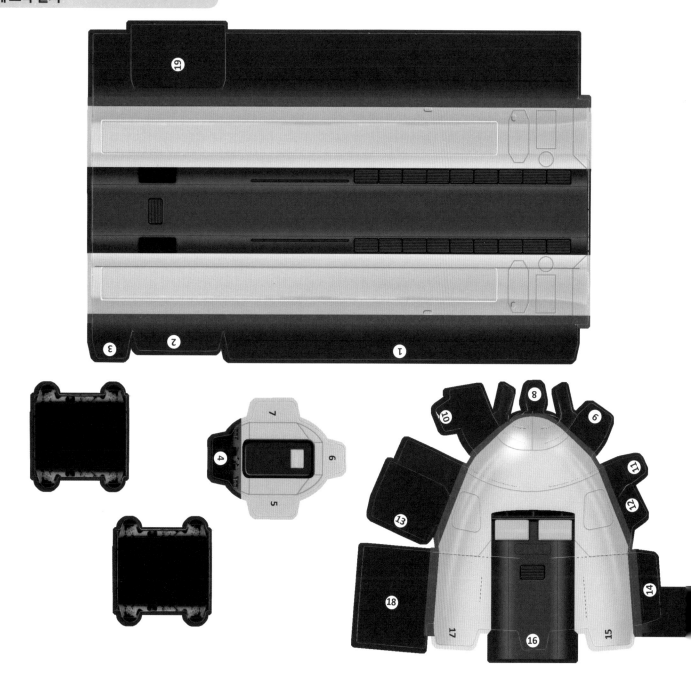

특징

- 유형: 고속 전철
- 제작사: 알스톰 사, 탈고(Talgo) 사 외에 봄바디어 (Bombardier) 사, 지멘스 사, 발레로(Valero) 사
- 철도회사: 스페인 국영철도(RENFE Operadora)
- 궤간: 143.5센티미터
- 최고속도: 시속 349킬로미터

스페인의 철로는 많은 산악 지형을 가로지른다.

렌페 아베 고속 열차

현재까지 다양한 형태의 고속 열차가 개발되었는데, 모두 각 열차의 끝에는 기관차가 달려 있고, 팬터그래프식 집전기(集電器) 가공전선(架空電線)에서 전기를 집전하여 기관차에 동력을 공급하는 방식으로 운행된다. 2006년에 시행된 시험 주행에서 클래스 103 모델의 005호는 시속 404킬로미터의 주행 속도를 기록했다. 클래스 102 모델(탈고 350)은 열차 전면부가 새의 주둥이 같이 생겨, "오리 새끼"라는 별명이 붙어 있다. 엔지니어들은 공기 저항은 물론, 소음까지 줄이기 위해 전면부를 이렇게 "주둥이" 모양으로 설계했다.

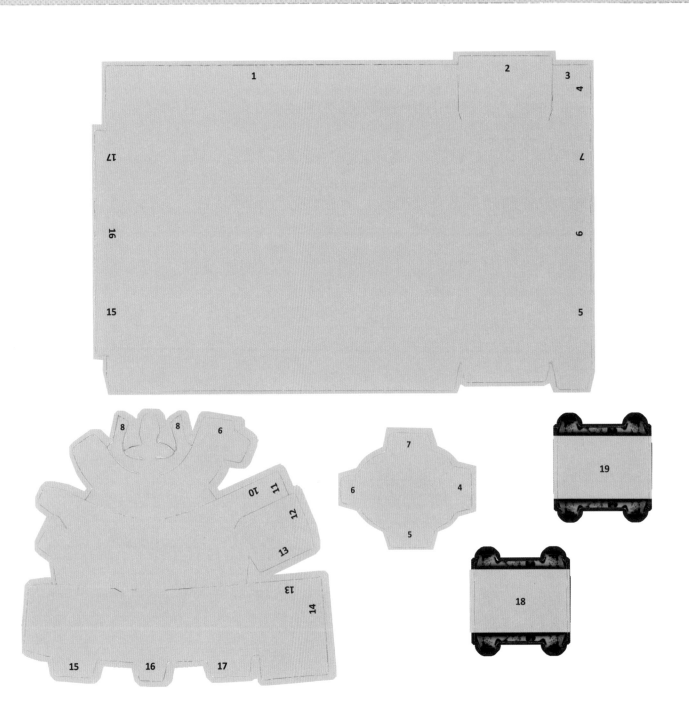

1994 유러스타 인터내셔널 Eurostar International

유러스타 인터내셔널은 영국, 프랑스, 벨기에를 연결한 성공적인 고속 철도 서비스이다. 미국 토목학회(American Society of Civil Engineers)는 실제로 영불해협터널(Channel Tunnel, 영국과 프랑스를 잇는 해저터널—옮긴이)을 현대 세계의 7대 불가사의 중 하나로 꼽았다. 총 50킬로미터에 달하는 이 터널에는 세계에서 가장 긴 해저 구간이 포함되어 있다.

런던에서 출발한 유러스타 소속의 승객 열차가 프랑스 칼레 시 인근에 위치한 영불해협터널의 출구를 빠져나오고 있다.

1994 유러스타 인터내셔널

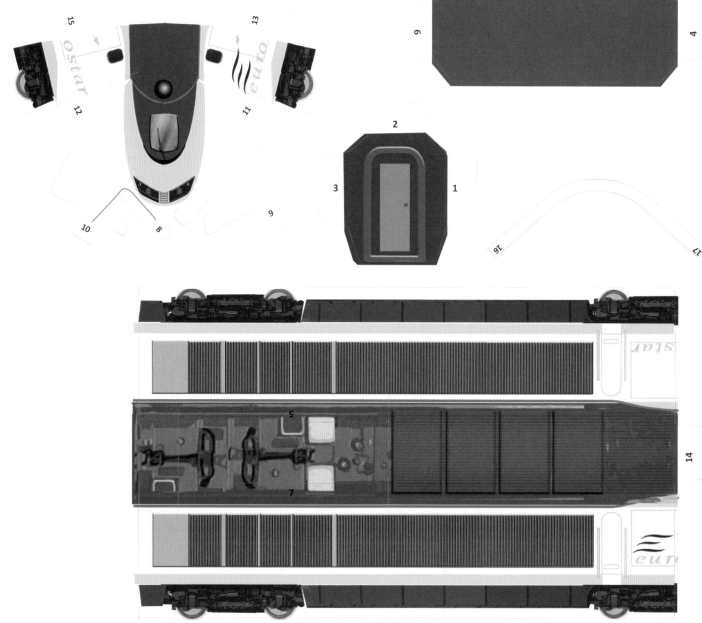

특징

- 유형: 고속 전철
- 제작사: GEC 알스톰 사
- 철도회사: 유러스타 인터내셔널 사
- 궤간: 143.5센티미터
- 최고속도: 시속 335킬로미터

유러스타 인터내셔널

유러스타 열차는 잉글랜드와 프랑스를 이어주는 영불해협터널의 건설 덕분에 탄생할 수 있었다. 복선 선로가 깔린 이 터널은 실제로 엔지니어링 역사상 최대 위업 중 하나로 꼽히며, 1994년에 개통되었다. 운행에는 영국에서 클래스 373으로 불리우는 개량형 TGV 열차가 투입되었다. 이 열차는 전용 선로가 깔린 구간에서는 최고 시속 299킬로미터의 속도로 달릴 수 있다.

유러스타 승객 열차가 런던의 세인트판크라스 역(St. Pancras railway station)에 진입하고 있다.

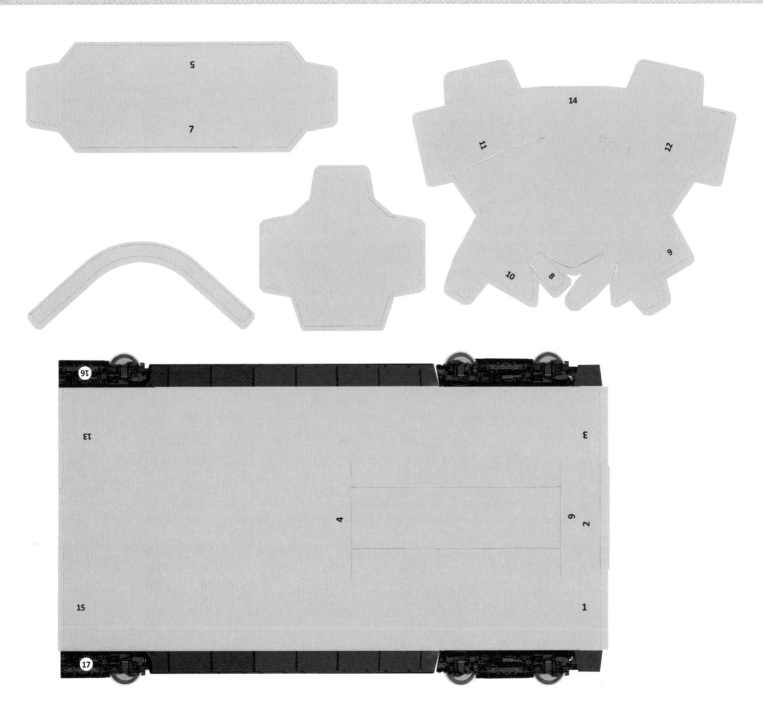

1996 오스트레일리아 더 간 열차
Australia the Ghan

오스트레일리아의 NR급 디젤전기기관차는 1996년에 제작되었다. 이 기관차들이 오스트레일리아의 연안에서 연안까지 연결하는 장거리 동서 노선을 운행하는 유명한 인디안 퍼시픽(호주의 시드니-퍼스 간 대륙 횡단 열차-옮긴이) 열차들을 끌고 다녔다. 이 열차의 이름은 낙타를 다루는 아프간 사람들(이들을 "간"이라고 부른다)에서 유래되었다. 그들은 사람들이 오스트레일리아 오지의 사막들을 한창 탐험하던 19세기에 이 나라에서 크게 활약했다.

다윈
앨리스스프링스
포트오거스타
애들레이드

── 구(舊) 간 노선
── 간 노선

더 간 열차의 낙타 로고는 오스트레일리아의 혹독한 내륙의 역사를 상기시킨다.

1996 오스트레일리아 더 간 열차

특징

- 유형: 디젤전기기관차
- 제작사: 웨스턴 오스트레일리아 주 바센딘(Bassendean), 유나이티드 고니난(United Goninan) 사
- 철도회사: 그레이트 서던 레일(GSR) 애들레이드 – 다윈 간 철도회사
- 궤간: 143.5센티미터
- 최고속도: 시속 116킬로미터

아프간산(産) 낙타와 마부의 동상이 앨리스스프링스 역 앞에 서 있다.

오스트레일리아 더 간 열차

최초의 아프간 특급 열차는 1878년부터 포트오거스타에서 출발하여 북쪽으로 올라가, 1929년에는 앨리스스프링스까지 연장된 협궤 선로 위를 달렸다. 표준궤(標準軌) 선로는 1980년 애들레이드에서 개통되었다. 이 노선은 당시 남북으로 오스트레일리아 대륙을 종단했는데, 그 후 선로가 앨리스스프링스에서 더 확장되어 2004년에는 북부 지방의 다윈 시까지 연결되었다.

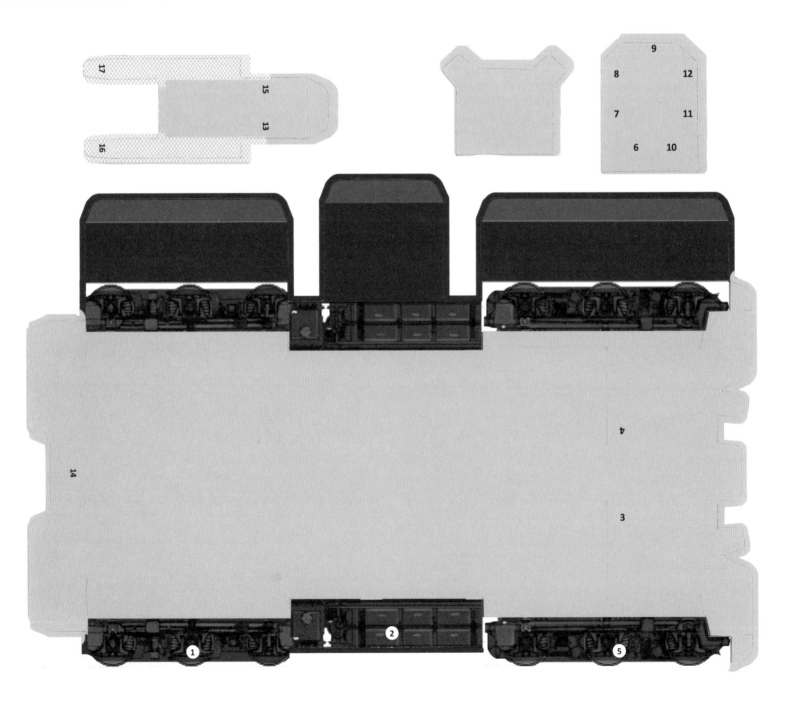

2004 상하이 자기부상열차 Maglev Shanghai Transrapid

이 중국산 자기부상열차는 상하이의 롱양로 역에서 푸동 국제 공항까지, 31킬로미터의 구간을 단 7분 만에 주파한다. 상업용으로는 세계 최초인 고속 자기부상 열차이다.

2013년 현재, 이 열차는 현존하는 대중용 열차 중 가장 빠른 열차로 꼽혔다. 시험 주행 시, 이 자기부상열차는 시속 500킬로미터라는 경이로운 속도로 달렸다.

2004 상하이 자기부상열차

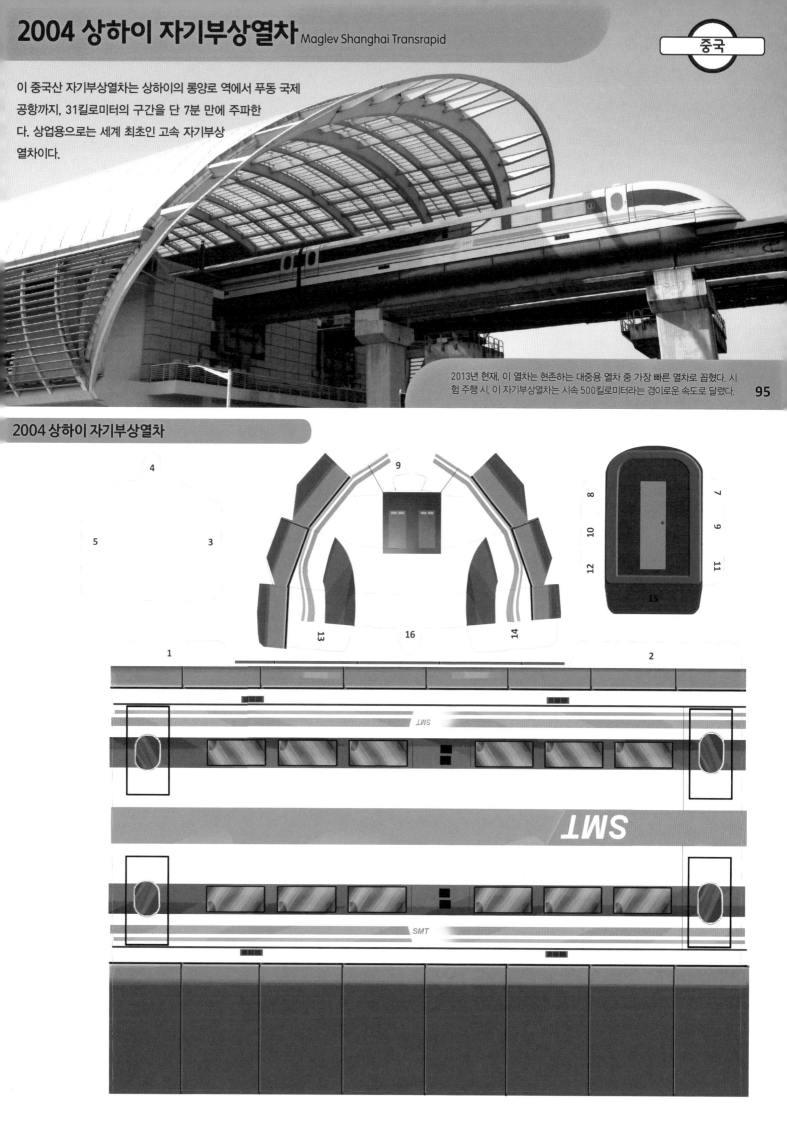

특징

- 유형: 자기부상열차
- 제작사: 독일 카셀, 지멘스(Siemens) 사와 티센크루프 (ThyssenKrupp)의 합작회사
- 철도회사: 중국, 상하이 자기부상 교통개발공사 (Shanghai Maglev Transportation Development Co)
- 최고속도: 시속 431킬로미터

상하이 자기부상열차의 기관사가 쓰는 운전실

상하이 자기부상열차

상하이 자기부상열차는 기본적으로 급성장 중인 상하이 시를 찾는 세계의 손님들에게 깊은 인상을 주기 위해 제작한, 일종의 비싼 전시용 관광 상품이다. 하지만 이 열차 말고도, 일본과 한국에서 현재 다른 종류의 상업용 자기부상열차들이 운행되고 있으며, 중국을 비롯한 세계 각지에서 추가 운행을 계획하고 있다. 미래에는 열차가 아예 철로 없이 달리는 시대가 올지도 모르겠다.

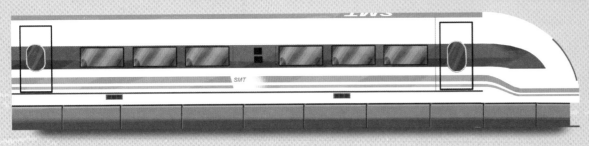

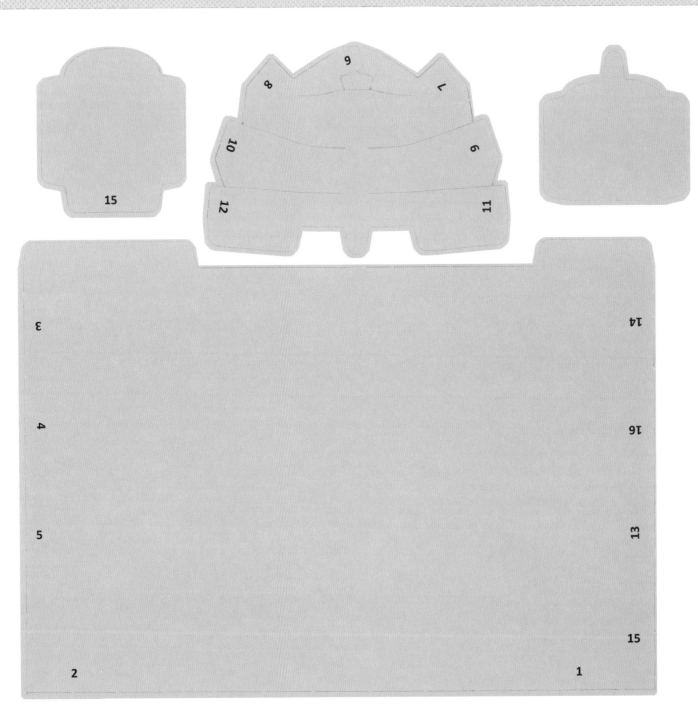

2004 웨스턴 오스트레일리아 EMD SD70ACE/LC

Western Australia EMD SD70ACE/LC

웨스턴 오스트레일리아의 광대하고 외진 필바라 지역에는 민간회사 소유의 튼튼한 선로망이 깔려 있다. 이 선로는 오로지 인근의 철광석 광산에서 나오는 화차들을 수송하기 위해 건설되었다. 필바라 철광석 마을에서는 현재 연간 3억 5,700만 톤의 철광이 산출되고 있다.

차체가 낮은 EMD SD70AC 열차가 힘차게 달리고 있다. 선두에 있는 GE 사의 Dash 8 기관차가 철광석을 적재한 화물 차량들을 이끌고 있다.

2004 웨스턴 오스트레일리아 EMD SD70ACE/LC

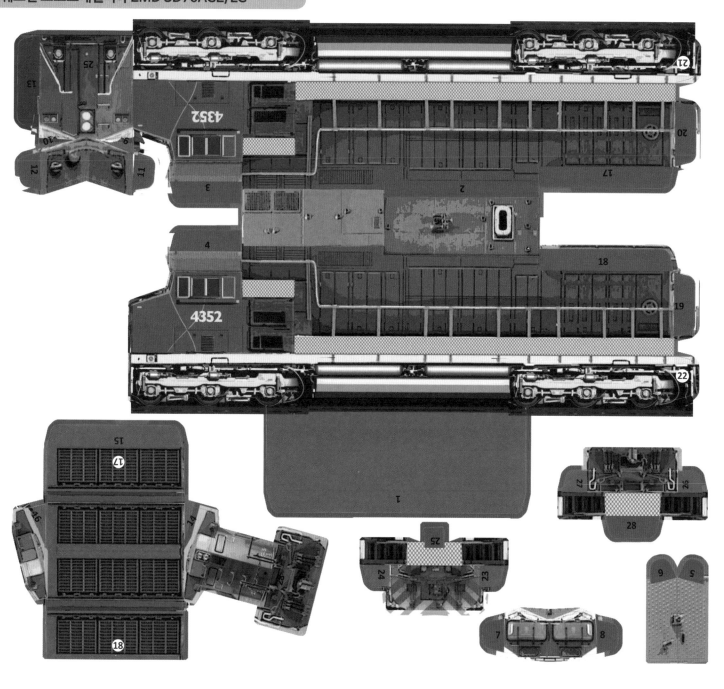

특징

- 유형: 디젤전기기관차
- 제작사: 미국 일리노이 주 라그레인지 시, 일렉트로-모티브 디젤 사 (EMD)
- 철도회사: 웨스턴 오스트레일리아, BHP 빌리턴 철광석 사
- 궤간: 143.5센티미터
- 최고속도: 시속 113킬로미터

웨스턴 오스트레일리아 철광석 광산의 가혹한 환경

일렉트로-모티브 디젤 SD70ACE/LC

SD70ACE/LCi는 6개의 차축에, 4,300마력을 내는 기관차이다. LC는 "낮은 차체(low clearance)"의 약자이다. 이 기관차들은 철광석 광산에서 쓰는 적재 장비 때문에 차량의 높이가 낮으며, 뜨겁고 먼지가 많은 사막의 환경에 맞춰 설계되었다.

98

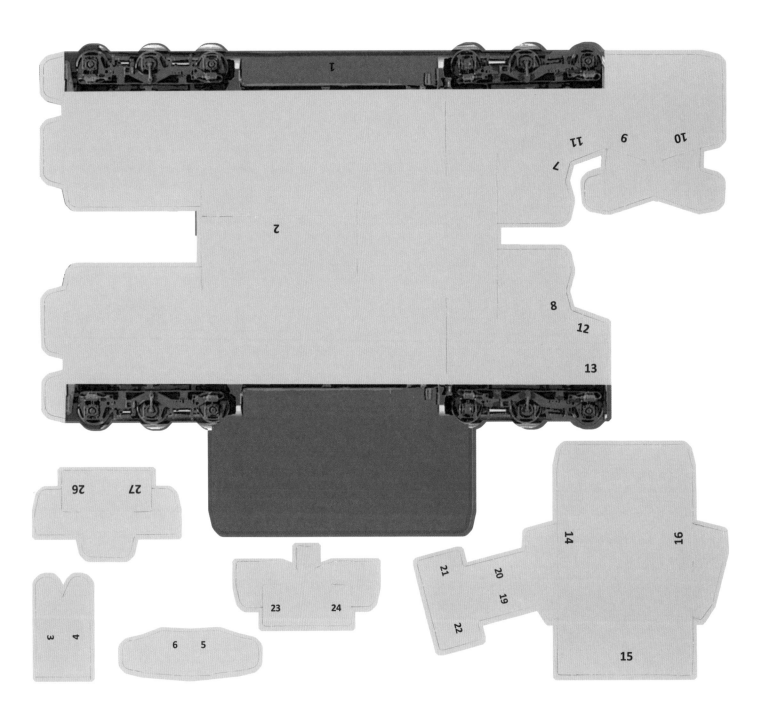

페로카릴 센트럴 안디노(FCCA)는 페루에서 제작 연도가 철도의 개척 시대인 1851년까지 거슬러 올라가는 열차들을 운행하고 있다. FCCA는 2006년부터 5대의 C30-7 기관차를 천연가스와 디젤유로 움직이는 기관차로 개조했다.

제너럴 일렉트릭이 제작한 C30-7 기관차가 안데스 산맥의 고지대에 놓인 다리를 건너가고 있다.

99

2006 센트럴 안데스 GE C30-7

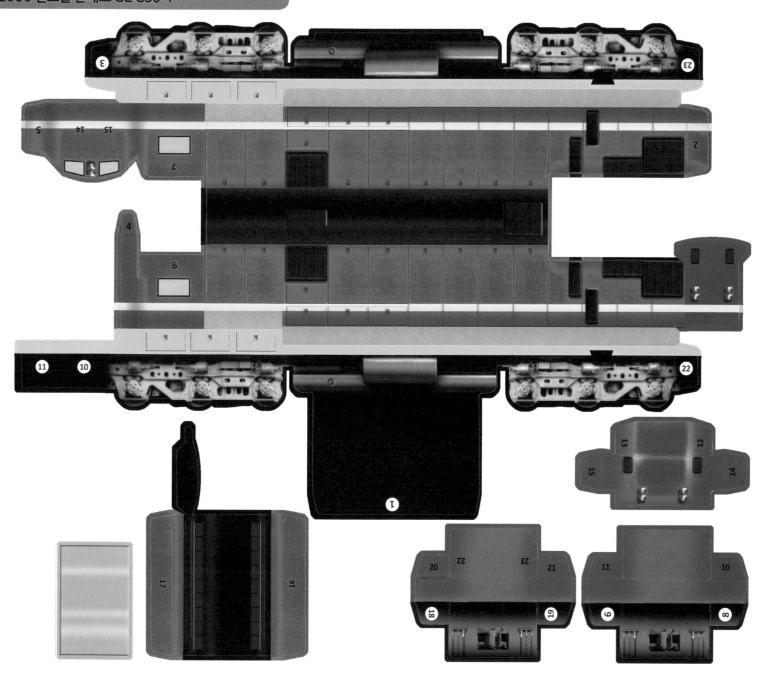

특징

- 유형: 디젤전기기관차
- 제작사: 펜실베이니아 주 이리(Erie), GE 트랜스포테이션 시스템즈(GE Transportation Systems) 사
- 철도회사: 페로카릴 센트럴 안디노
- 궤간: 143.5 센티미터
- 최고속도: 시속 113킬로미터

웅대한 산맥을 가로질러 달리는 센트럴 안데스 열차

페로카릴 센트럴 안디노 페루

FCCA사가 운영하는 페로비아스 센트럴선은 카야오(Callao, 페루 서부, 리마 부근의 항구 도시—옮긴이) 항에서 출발하여 페루 전역을 가로지르는 노선으로서 수도인 리마를 우앙카요(Huancayo), 세로데파스코(Cerro de Pasco), 수많은 탄전(炭田) 지대와 연결하고 있다. 이 노선은 세계에서 두 번째로 높은 철로인 갈레라 터널(Galera Tunnel) 구간을 통과하여 안데스 산맥을 가로지른다. 이곳의 풍경은 장관이다.

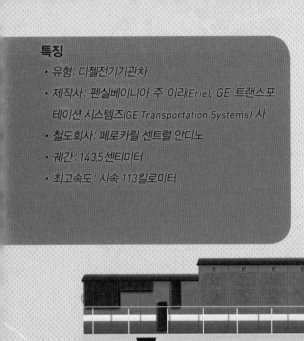

100

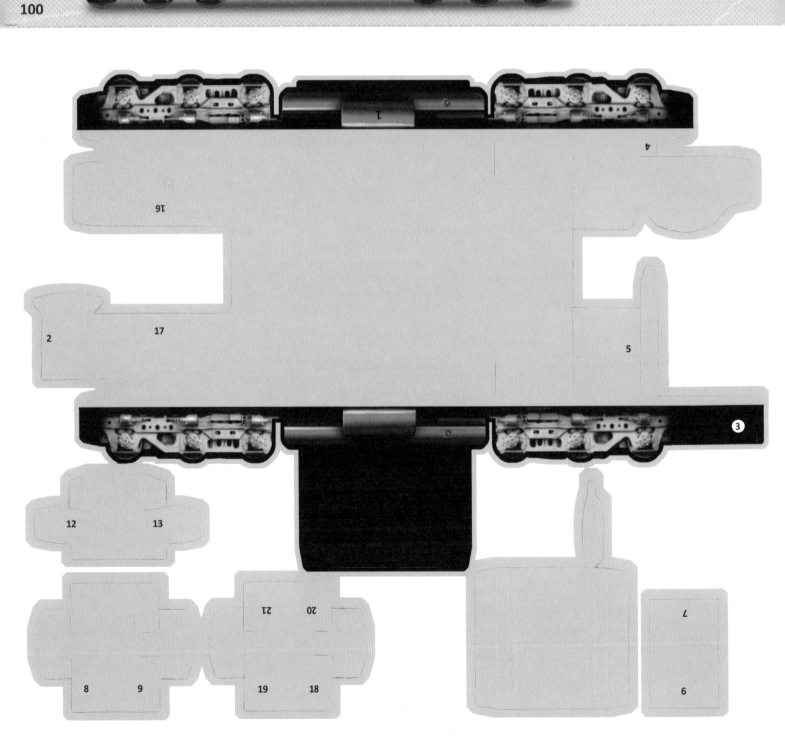

2012 일본 철도 HD300 Japan Railways HD300

일본에서 개발된 이 전철기(轉轍機, 열차의 선로를 바꾸는 데 사용하는 기관차─옮긴이)는 겉에 붉은 페인트가 칠해져 있지만, 속은 녹색이다(환경친화적이다). 이 열차는 리튬이온 배터리와 디젤엔진, 두 가지 방식으로 움직이기 때문에 하이브리드 열차라고 불리기도 한다.

HD300 모델은 기존의 전철기보다 10데시벨 이상 소음을 줄인, 훨씬 조용한 전철기이다.

2012 일본 철도 HD300

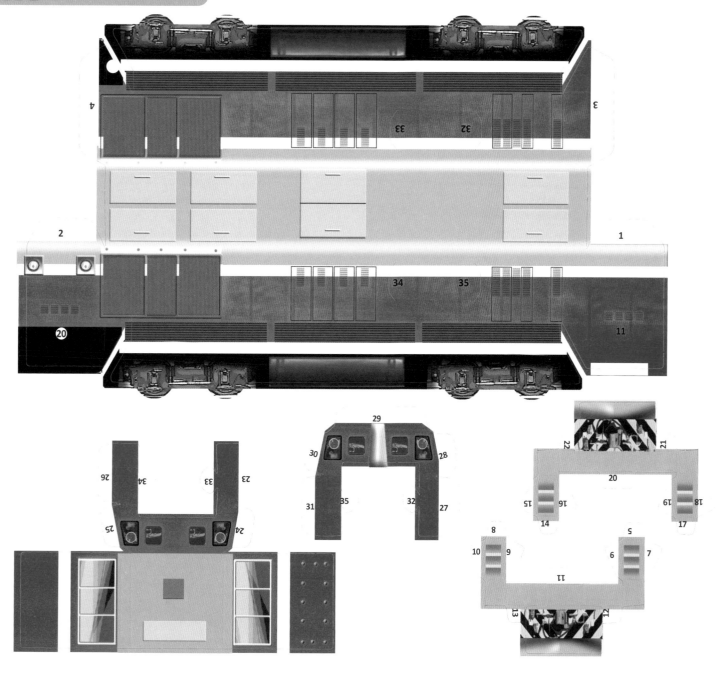

- 유형: 하이브리드형 디젤-배터리 기관차
- 제작사: 일본, 로코모티브 도시바 로지스틱스 사
- 철도회사: 일본 화물철도사(Japan Freight Railway Company)
- 궤간: 107센티미터
- 최고속도: 시속 113킬로미터

일본 철도 HD300

21세기의 큰 해결 과제 중의 하나는 화석연료의 사용과 유해가스의 방출이라는 문제이다. HD300 같은 하이브리드형 기관차는 기존 전철기보다 36퍼센트나 연료를 적게 사용하고, 방출하는 유해가스의 양도 30~40퍼센트 정도 줄일 수 있다. 이 모든 것이 철도가 탄생했던 바로 그 시절까지 거슬러 올라가는 목표, 즉 효율적 공학 기술의 개발에 달려 있다.

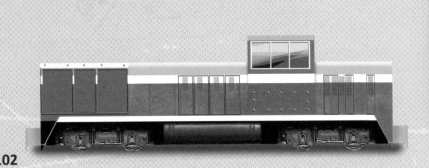

친환경 열차

102

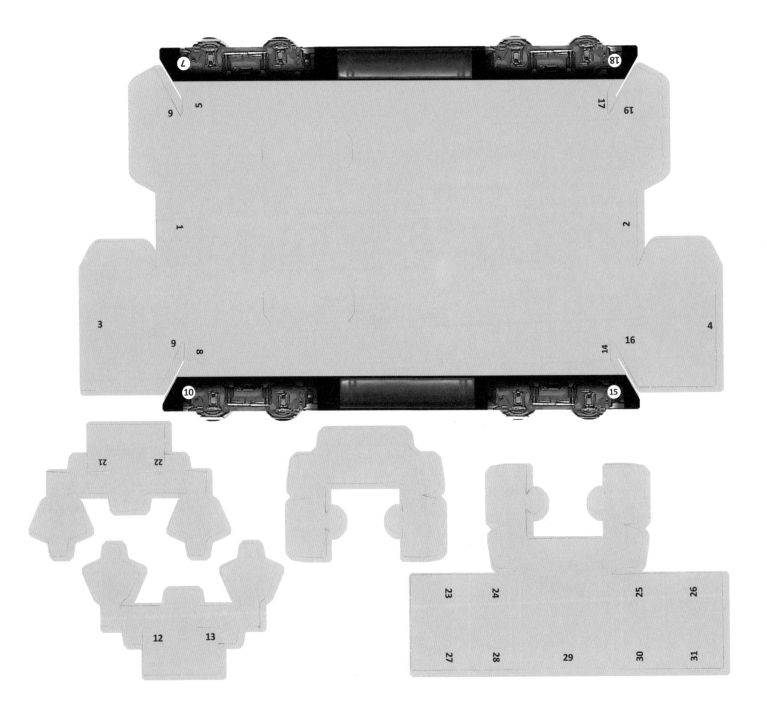

철도의 미래

현재 우리 지구에는 10만 킬로미터가 넘는 철로가 깔려 있다. 철도들은 숱한 사막, 산맥, 정글, 그리고 북방침엽수림(北方針葉樹林) 지대를 누비고 있다. 열차들은 해저 터널을 건너가고, 까마득한 고지대의 다리를 넘어가며, 어마어마한 광역 도시권들을 가로지른다.

기차 여행은 풍경, 사람, 문화, 색깔, 가끔은 웅대한 역 또는 건축공학이 낳은 위대한 작품들을 감상하는 기회를 제공한다. 세계에서 가장 혼잡하고 불편한 철도들도 모험심과 흥분을 불러일으킨다.

첨단 고속 열차는 물론, 옛 증기기관차를 복원한 열차들도 우리의 마음을 정말 설레게 한다. 이와는 대조적으로, 한 개의 공항 터미널과 한 개의 노선으

1804 트레비식 페니다렌

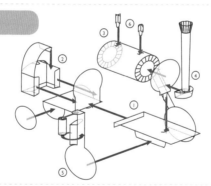

1. 보일러를 둥글게 말고, 1번, 2번 탭을 안쪽으로 끼운 뒤 풀로 붙인다.
2. 4번 탭을 밑으로 접은 3번 탭에 붙인다. 반드시 탭의 빈 공간이 구멍이 맞물리는 곳에 오도록 한다.
3. 5번 탭을 맞춰 붙인다. 6번, 7번 탭을 아래로 접는다. 8번 탭을 4번 탭의 앞 부분에 붙인다. 6번, 7번 탭을 맞춰 붙인다.
4. 굴뚝을 말아 9번, 10번 탭에 안쪽으로 맞춘다. 밑바닥을 90도로 접는다. 굴뚝을 4번 탭 속의 구멍에 밀어서 넣고 풀로 붙인다.
5. 12번 탭을 보일러 뒤쪽의 접은 11번 탭에 풀로 붙인다. 13번, 14번 탭을 보일러 옆면에 붙인다.
6. 바퀴들을 15번, 16번 탭에 맞춘다.

1829 스티븐슨 로켓

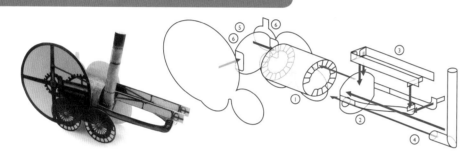

1. 그림처럼 1번 탭을 맞춰 풀로 붙여, 차 바닥을 만든다.
2. 2〜9번 탭을 맞춰 끼워 기관차의 후미를 만든다.
3. 10번, 11번 탭을 말고 붙여서 탱크를 만든다. 안쪽에 풀을 바른다. 12번 탭을 밑으로 접어 13번 탭에 풀로 붙인다. 탭을 바닥을 통해 구멍에 끼워 넣는다. 14번과 15번 탭을 붙인다.
4. 굴뚝을 말아 16번, 17번 탭에 안쪽으로 맞춘다. 앞면에 풀로 붙인다. 18번, 19번, 20번 탭을 조립하여 맞춘다.
5. 21번 탭과 22번 탭을 접고 풀로 붙여 실린더를 만든다. 23번 탭과 24번 탭을 갖고 똑같은 과정을 반복한다. 25번 탭을 접고 풀로 붙인다. 26번 탭을 뒤로 접고 27번 탭에 접어넣는다. 실린더 양쪽 끝에 탭을 풀로 붙인다. 28번, 29번, 30번 탭으로 똑같이 한번 더 한다.
6. 붉은 돔들을 그림과 같이, 노란색 탱크의 구멍 속으로 넣는다.

1830년 베스트 프렌드 오브 찰스턴

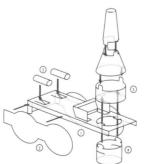

1. 차 바닥을 접고, 1번 탭과 2번 탭을 맞춘다. 3번, 4번, 5번 탭을 차 바닥의 박스 부분에 풀로 붙인다.
2. 6번, 7번 바퀴를 맞춘다.
3. 8번, 9번 탭을 말아 풀로 붙인다. 동그라미를 함께 붙인다. 밀어 넣어 10번 탭에 풀로 붙인다. 11번, 12번, 13번 탭으로 같은 과정을 반복한다.
4. 14번 탭을 말고 풀로 붙여 실린더를 만든다. 차 바닥 속으로 밀어 넣고, 탭들을 사용하여 제자리에 끼워 넣는다.
5. 15번, 16번, 17번 탭을 말고 풀로 붙여 실린더를 만든다. 18번, 19번, 20번, 21번 탭을 말고 풀로 붙여 굴뚝을 만든다. 옆에 있는 탭들을 풀로 붙인다. 그림처럼 함께 풀로 붙인다. 22번 탭을 23번 탭에 있는 구멍 틈으로 밀어 넣는다.

1837년 볼티모어&오하이오 라파예트

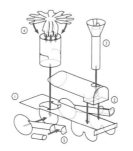

1. 차 바닥을 접는다.
2. 1〜4번 탭을 맞춰 탱크를 만든다.
3. 6, 7번 탭을 맞춰 굴뚝을 만든다. 8번 탭을 구멍에 맞춰 끼우고 굴뚝 꼭대기에 밀어 넣는다. 굴뚝을 탱크에 밀어 넣는다.
4. 9번, 10번 탭을 맞추어 실린더를 만든다. 11번 탭을 접어 돔 모양의 구조물을 만든 다음, 실린더 꼭대기의 안쪽에 풀로 붙인다. 나뭇잎 모양의 탭들은 서로 약간씩 겹친다. 차 바닥에 밀어 넣는다.
5. 12번 탭을 서로 맞춘다. 13번 탭을 둥글게 말고 풀로 붙여 실린더를 만든다. 밑으로 접어 14번 탭에 풀로 붙인다. 15〜17번 탭으로 동일한 과정을 반복한다. 바퀴들을 비스듬히 풀로 붙인다.

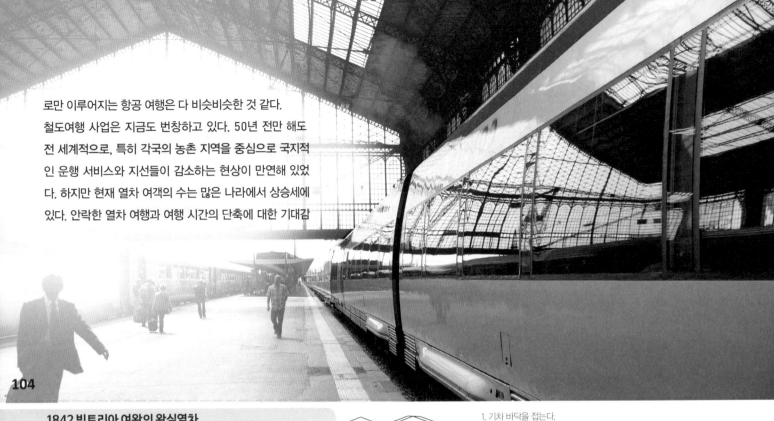

로만 이루어지는 항공 여행은 다 비슷비슷한 것 같다.
철도여행 사업은 지금도 번창하고 있다. 50년 전만 해도
전 세계적으로, 특히 각국의 농촌 지역을 중심으로 국지적
인 운행 서비스와 지선들이 감소하는 현상이 만연해 있었
다. 하지만 현재 열차 여객의 수는 많은 나라에서 상승세에
있다. 안락한 열차 여행과 여행 시간의 단축에 대한 기대감

1842 빅토리아 여왕의 왕실열차

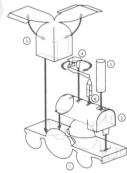

1. 기차 바닥을 접는다.
2. 3~6 탭을 맞추고 끼워 탱크를 만든다. 3번, 4번 탭을 안쪽으로 풀로 붙인다. 7번 탭을 구멍에 넣고 8번 탭을 기차 바닥에 풀로 붙인다.
3. 측면들을 밑으로 접고 9~12번 탭을 맞춘다. 13번, 14번 탭을 맞추고 차 바닥에 붙인다.
4. 15번 탭을 밑으로 접는다. 16번 탭을 서로 붙여 끈 모양으로 만든다. 15번 탭을 끈 안쪽으로 끼워 넣고 그것을 탱크에 끼워 맞춘다.
5. 17번, 18번 탭을 맞추어 굴뚝을 만든다. 탱크의 구멍에 맞춰 안으로 끼워 넣는다.
6. 돔을 끼워 맞춘 다음, 탱크의 구멍에 집어넣는다.

1864 메트로폴리탄 철도

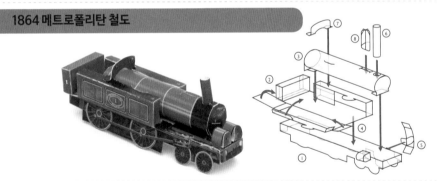

1. 1~4번 탭을 맞추어 기차 바닥을 만든다.
2. 5번, 6번 탭을 맞추고 붙여 열차 옆면을 만든다. 7번, 8번 탭으로 같은 동작을 반복한다. 9~11번 탭을 맞춰 붙여 열차의 뒷면을 만든다.
3. 12번, 13번 탭을 맞춰 붙여 탱크를 만든다. 안쪽에 풀을 바른다. 양쪽 끝을 밑으로 접는다. 14번, 15번 탭을 탱크 옆면에 끼워 넣는다.
4. 16번 탭을 맞춰 붙인다. 17번, 18번 탭을 끼워 맞춘다.
5. 19번 탭을 맞춰 붙인다. 20번 탭으로 같은 동작을 반복한다. 23번 탭을 차 바닥에 쓰여진 같은 번호에 맞춰 붙인다.
6. 21번, 22번 탭을 맞춰 굴뚝을 만든다. 탱크의 구멍에 끼워 넣는다.
7. 23번 탭을 같은 번호가 매겨진 탭에 맞춰 붙인다.
8. 돔을 끼워 맞춘 다음, 탱크의 구멍에 집어넣는다.

1868 센트럴 퍼시픽 60호 주피터

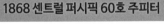

1. 1번, 2번 탭을 맞춰 붙여 탱크를 만든다.
2. 3번 탭을 탱크의 끝 부분 주위에 있는 3번 구역에, 밑의 접합 부분과 함께 갖다 붙인다.
3. 4번 탭을 붙여 뒷면을 만든다. 5번 탭을 곡면의 안쪽에 풀로 붙인다.
4. 6~10번 탭을 맞춰 붙여 운전석을 만든다. 11번 탭을 밀어 운전석의 구멍에 넣는다.
5. 12번, 13번 탭을 맞춰 붙여 앞바퀴를 만든다. 14번 탭을 탱크의 앞면에 붙인 다음, 바퀴의 구멍에 넣는다.
6. 15번, 16번 탭을 맞춰 붙여 전조등을 만든다. 그림과 같이 굴뚝을 조립한다.
7. 돔들을 끼워 맞춘 다음, 탱크의 구멍에 맞춰 넣는다.

1868 유니언 퍼시픽 119호

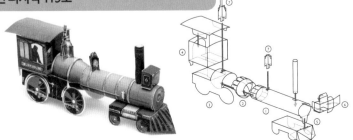

1. 1번, 2번 탭을 맞춰 붙여 탱크를 만든다.
2. 3번 탭을 붙인 다음, 4번 탭을 안쪽의 곡면에 맞춰 탱크의 끝 부분에 붙인다.
3. 5번, 6번 탭을 맞춰 붙여 바퀴들을 만든다. 7번 탭을 곡면의 안쪽에 붙인다.
4. 8~12번 탭을 맞춰 붙여 후면을 만든다.
5. 13번, 14번 탭을 맞춰 붙여 바퀴들을 만든다. 탱크의 앞 부분을 밑으로 접고, 15번 탭을 바퀴의 구멍에 밀어 넣는다.
6. 16번, 17번 탭을 맞춰 붙여 굴뚝을 만든다. 탱크의 구멍에 밀어 넣는다. 18~23번 탭을 맞춰 붙여 전조등을 만든 다음, 그것을 굴뚝의 앞면에 붙인다.
7. 돔들을 끼워 맞춘 다음, 탱크의 구멍에 밀어 넣는다.

은 꽉 막힌 고속도로와 지연이 잦은 항공기 여행과 대비되어, 많은 승객들을 다시
철도 쪽으로 끌어들였다. 특히 도시 전역을 커버하는 열차, 통근 열차, 도시 간 철
도, 그리고 다국적 운행 서비스를 이용하는 승객이 늘었는데, 개중에는 현지의
공공 기반 시설로는 커버할 수 없을 만큼 수요가 많을 경우도 있다.
철도가 자체의 잠재력을 다 발휘하려면, 모든 이들에게 싸고 효율
적인 일상적 여행 서비스를 제공해야 하고, 많은 양의 화물
을 운송할 수 있어야 한다. 명성과 속도가 성공을 달
성하는 유일한 방식은 아니기 때문이다. 결국
증기기관차는 디젤기관차에 의해 밀려

1881 지멘스 시내 전차

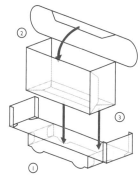

1. 1~4번 탭을 맞춰 붙여 차 바닥을 만든다. 양쪽의 끝 부분을 위로 접은
   다음, 그림과 같이 탭들을 차 바닥에 붙인다.
2. 5번 탭을 맞춰 붙인다. 지붕을 밑으로 접고 6번 탭을 붙인다.
3. 7~10번 탭을 맞춰 차 바닥에 붙인다.

1889 다르질링-히말라야 철도

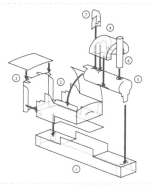

1. 1~4번 탭을 맞춰 붙여 차 바닥을 만든다.
2. 5번, 6번 탭을 맞춰 붙여 기관차의 뒷부분을 만든다. 뒷면을 가장자리
   에 돌돌 말아 차 바닥 붙인다.
3. 7번, 8번 탭을 맞춰 그 가장자리에 붙이고, 9~12번 탭을 맞춰 붙여 지
   붕을 만든다. 13번 탭을 차 바닥에 붙인다.
4. 14~21번 탭을 접어 붙인다.
5. 22번, 23번 탭을 맞춰 붙여 탱크를 만든다. 탭들을 안쪽으로 풀로 붙
   인다. 24번, 25번 탭을 옆면의 구멍에 집어넣는다. 앞면을 밑으로 접고
   27번 탭을 차 바닥의 구멍에 집어넣는다. 26번 탭을 뒷면의 구멍에 끼
   워 맞춘다.
6. 28번, 29번 탭을 말아 붙여 굴뚝을 만든다.
7. 돔을 끼워 맞춘 다음, 엔진의 구멍에 집어넣는다.

1898 융프라우 HE/22

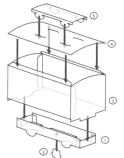

1. 1~4번 탭을 맞춰 붙여 차 바닥을 만든다.
2. 5번 탭을 차 바닥의 구멍에 집어넣는다.
3. 6번, 7번 탭을 맞춰 붙여 차체를 만든다. 차체와 차 바닥에 있는 10번
   과 11번 탭을 맞춰 붙인다.
4. 8번, 9번 탭을 맞춰 붙여 지붕을 만든다.
5. 12번, 13번 탭의 모서리를 밑으로 접은 다음, 지붕의 구멍에 끼워 맞
   춘다.

1898 리르 193호 제설기차

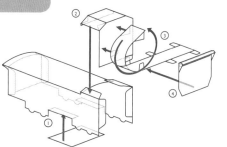

1. 1~4번 탭을 맞춰 붙여 차체를 만든다.
2. 5~8번의 삼각형 탭을 맞춰 붙여 운전석 지붕의 경사면을 만든다.
   9~12번 탭을 맞춰 붙인다.
3. 탭을 둥글게 말아 실린더를 만든다. 13~17번 탭을 그림과 같이 운전
   석의 앞면에 붙인다.
4. 기차 전면에 해당하는 조각을 잡고, 옆에 붙은 탭들을 접고 상단의 탭
   은 둥글게 접는다. 실린더에 붙어 있는 18~20번 탭을 회전식 제설기
   의 뒤에 써 있는 같은 번호의 탭에 붙인다.

났는데, 이것은 디젤기관차가 더 싸고 더 실용적이었기 때문이다.

배기가스와 연료 소모량을 줄이려는 노력은 전혀 새로운 것이 아니다. 심지어 스티븐슨 로켓 기관차도 환경적으로 더 깨끗하다는 이유로 석탄 대신 코크스(석탄으로 만든 연료—옮긴이)를 연료로 사용했다. 하지만 환경적 관심은 현재 최우선적 고려 사항이며, 더 환경친화적인 미래를 약속하는 하이브리드형 열차들이 등장하고 있다.

국제 철도 사업은 대륙간 노

1908 파리 메트로 모트리스 500

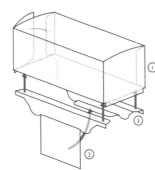

1. 1번, 2번 탭을 맞춰 붙여 차체를 만든다. 차 바닥을 접고 3번 탭을 풀로 붙인다.
2. 차체의 바닥을 접어 4번 탭에 맞추어 바퀴들을 만든다.
3. 5번, 6번 탭을 맞춰 붙임으로써 바퀴들과 차체를 붙인다. 이 탭들은 차 바닥의 가장자리에 간신히 걸터앉는 모양이 될 것이다.

1910 러시안 클래스 U 127호

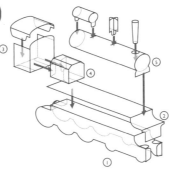

1. 바퀴들을 밑으로 접는다. 1~5번 탭을 맞춰 붙인다.
2. 6~9번 탭을 맞춰 붙여 운전석을 만든다. 10번, 11번 탭을 차 바닥에 붙인다.
3. 12번, 13번 탭을 맞춰 붙인 다음, 14번, 15번 탭을 운전석에 붙인다.
4. 16번, 17번 탭을 맞춰 붙여 탱크를 만든다. 21번 탭을 서로 끼워 맞춰 위 실린더를 만든다. 22번 탭을 탱크의 구멍에 끼워 넣는다. 기차 앞면을 밑으로 접고 20번 탭을 차 바닥에 풀로 붙인 다음, 18번, 19번 탭을 맞춘다. 23번, 24번 탭을 맞추어 굴뚝을 조립한 다음, 탱크의 구멍에 집어넣는다.
5. 돔을 끼워 맞춘 다음, 탱크의 구멍에 집어넣는다.

1911 매킨 레일모터

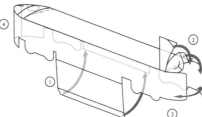

1. 1번 탭을 맞춰 붙여 차체를 만든다.
2. 2번 탭을 밑으로 접고 맞춘다. 가장자리는 밑에 있는 주요 지붕을 살짝 덮는다. 3번 탭을 밑으로 접어 맞춘다. 가장자리가 앞에서 만든 조각의 아랫면을 살짝 덮는다. 4번 탭을 맞춰 붙인다.
3. 5번 탭을 맞춰 붙인다.
4. 이쪽 끝도 2번, 3번 단계와 똑같은 방법으로 만들되, 6~8번 탭을 맞춰 붙여 만들어야 한다.

1912 CNJ 클래스 L7 카멜백

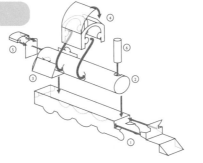

1. 1~7번 탭을 맞춰 붙여 차 바닥을 만든다.
2. 8번, 9번 탭을 맞춰 붙여 탱크를 만든다. 탭들을 안쪽에 있는 탭들을 끼워 맞춘다. 후면을 밑으로 접고, 10번, 11번 탭을 탱크의 구멍에 집어넣는다.
3. 12번, 13번 탭을 맞춰 붙임으로써 보일러를 차 바닥에 붙인다.
4. 14번, 15번 탭을 맞춰 붙인 다음, 16~19번 탭을 탱크의 구멍에 집어넣는다.
5. 20번, 21번 탭을 맞춰 붙여 운전석을 만든다.
6. 22번, 23번 탭을 맞춰 붙여 굴뚝을 만든다. 탱크의 구멍에 맞춰 집어넣는다.

선의 대규모 확장에 의해 변모할 것이다. 중국과 독일 사이에는 이미 화물열차가 운행되고 있다. 2013년 51개의 컨테이너를 실은 열차가 중국 정저우(허난(河南)성 중부의 도시―옮긴이)에서 출발하여 카자흐스탄, 러시아, 벨라루스, 폴란드를 경유하여 딱 15일 만에 독일 함부르크에 도착했는데, 총 주행 길이는 10,215킬로미터였다.

대부분의 유럽 국가들이 고속 철로망을 앞다투어 확장하고 있으며, 중국은 2020년까지 고속철도 개발에 총 3000조 달러의 예산을 투입하기로 결정했다. 돈이 많이 들어가는 고속철은 미국에서만큼은 활발히 개발될 것 같지 않다. 이 나라는 기름 값이 싸

1923 LNER 플라잉 스코츠맨

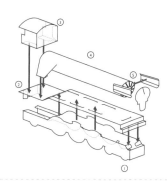

1. 1번 탭을 맞춰 붙여 바퀴들을 만든다.
2. 바퀴의 윗부분을 2번 탭에 나 있는 긴 구멍 속으로 밀어 넣은 다음, 3~8번 탭을 맞춰 붙여 차 바닥을 만든다.
3. 10번 탭을 맞춰 붙여 운전석을 만든다. 그것을 11~13번 탭을 이용하여 차 바닥에 붙인다.
4. 14번, 15번 탭을 둥글게 말고 붙여 탱크를 만든다. 16번 탭을 17번 탭에 붙인다. 잘린 부분이 약간 겹칠 때 끝 부분은 얇은 원뿔형이 될 것이다. 17번 탭을 차 바닥의 구멍 속으로 집어넣고 18번, 19번 탭을 차 바닥에 붙임으로써 차 바닥을 결합한다.
5. 20번, 21번 탭을 탱크의 옆면에 붙인다.

1924 소비에트 디젤 EEL 2

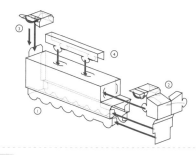

1. 1~4번 탭을 맞춰 붙여 차체를 만든다.
2. 5~10번 탭을 맞춰 붙여 운전석을 만든다. 11~14번 탭을 맞춰 붙여 운전석을 차체에 붙인다. 15번, 16번 탭을 동시에 차체의 전면에 있는 구멍에 밀어 넣는다.
3. 17번, 18번 탭을 맞춰 붙여 박스를 만든다. 19~21탭을 맞춰 붙임으로써 이것을 차체의 뒷면에 붙인다.
4. 22번, 23번 탭을 접은 다음, 지붕의 구멍에 집어넣는다.

1932 DRG 함부르크 플라이어

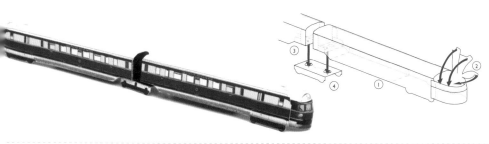

1. 1~4번 탭을 맞춰 붙여 자체를 만든다.
2. 기차의 전면을 만들려면, 우선 5번 탭을 같은 번호가 써 있는 조각에 붙인다. 그런 다음, 6번 탭을 붙인다. 7번 탭을 접되, 반드시 그것이 앞에서 만든 조각을 살짝 덮는 모양이 되도록 하여 붙인다. 기차의 전면부는 곡선을 이룰 것이기 때문에 이제 여러분은 8번 탭을 차체의 안쪽에 붙일 수 있을 것이다. 7번 탭이 붙은 조각은 지붕 밑으로 들어가게 된다. 9번 탭을 둥글게 만들어 붙인다.
3. 두 번째 객차도 위와 똑같은 단계를 반복하여 만든다.
4. 바퀴들을 그림과 같이 밑으로 접는다. 각 객차의 뒷부분의 하단에 있는 탭들을 밑으로 접는다. 탭들을 바퀴에 있는 구멍 속으로 집어넣은 다음, 다시 펼친다.

1934 펜실베이니아 철도 GG1

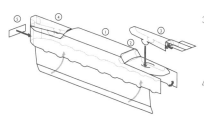

1. 1~3번 탭을 맞춰 붙여 차체를 만든다.
2. 4번과 5번 탭, 그리고 6번과 7번 탭을 맞춰 붙임으로써 열차의 창문들을 구멍 속에 끼워 넣는다.
3. 열차 옆면을 밑으로 접은 다음, 앞면도 밑으로 접는다. 10번, 11번 탭을 맞춰 붙인다. 8번, 9번 탭을 비스듬히 접어 열차 전면의 안쪽에 쓰여진 똑같은 번호를 찾아 그것에 붙인다. 12번, 13번 탭을 밑으로 접고 구멍 속으로 집어넣는다. 14~19번 탭을 사용하여 3단계 방식을 반복하여 반대쪽 끝을 조립한다.
4. 20번, 21번 탭을 양쪽 끝에 써 있는 똑같은 숫자에 맞추어 붙인다.

고 도시 간 거리가 먼 탓에 옛날부터 철도가 자동차에 밀려나 있었기 때문이다. 미국의 철로망은 주로 화물 수송에 적합하게 이루어져 있다.

탄환열차와 자기부상열차의 탄생은 이 새천년에 신기술과 공학적 독창성이 정말 광범위하게 퍼져 있다는 걸 증명해 주었다. 과연 다음에는 무슨 걸작이 나올까?

NASA를 비롯한 몇몇 기관들이 고속으로 달리면서 비용이 적게 들어가는 도시 철도 시스템을 개발하고 있다. 이것을 그들은 스카이트랜(SkyTran)이라고 부른다. 1990년에 처음 제안이 나온 이 고가(高架) 자기부상 선로망이 완성되면 시간표에 따른 정기 열차 운행 시스템은 사라질 것이다. 대신 승객은 최대 두 명을 수용하는 캡슐형 공간에 들어가 자기가 가고 싶은 곳의 키를 돌리기만 하면 된다. 일반인들을 대상으로 하는 최초의 스카이트랜 탑승 시험은 2014년 텔아비브에서 실시하기로 예정되어 있다.

1934 제퍼 열차

 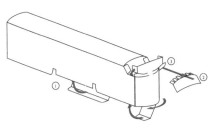

1. 1~6번 탭을 맞춰 붙여 차체를 만든다
2. 기관차의 전면부를 만들려면, 7번, 8번 탭을 밑으로 접어 아래쪽에 붙인다. 그 다음 탭들을 갖고 같은 과정을 반복한다. 이것들이 붙으면 전면이 곡선으로 형성될 것이다.
3. 전면부를 측면에 있는 9번, 10번 탭에 맞춤으로써 차체 위에 붙인다. 그리고 지붕의 앞면에 11번 탭을 기차 전면부의 꼭대기에 붙인다.
4. 12번 탭을 맞춰 붙이고, 그 다음에는 13번 탭을 맞춰 붙인다. 14번 탭을 밑으로 접고 같이 붙인다. 전조등은 14번 탭을 사용하여 지붕에 붙인다.

1936 ATSF 슈퍼 치프

 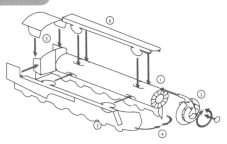

1. 1~4번 탭을 맞춰 붙여 차체를 만든다.
2. 5번, 6번 탭을 맞춰 붙여 창문을 만든다.
3. 7번 탭을 맞춰 붙여 곡선으로 된 기차 전면부를 만든다. 8번, 9번 탭을 밑으로 접은 다음, 그것들을 둥근 전면부에 있는 작은 탭들에 붙인다. 이땐 반드시 끄트머리가 측면의 안쪽으로 끼워지도록 해야 한다. 10번, 11번 탭을 밑으로 접고 그것들을 측면의 안쪽에 붙인다. 12번 탭을 후드의 아래쪽에 풀로 붙인다.
4. 전조등(13번 탭)을 후드의 앞에 풀로 붙인다.

1938 20세기 허드슨 J3A

 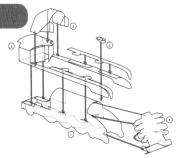

1. 1번, 2번 탭을 맞춰 붙여 탱크를 만든다.
2. 기차의 코를 만든다. 4번 탭을 중앙의 조각에 붙인다. 5번 탭으로 밑바닥을 고리 모양으로 두르고, 제자리를 찾아 붙인다. 옆의 탭들을 이용해 여러 층을 결합하는 한편, 6번, 7번 탭으로 같은 과정을 반복한다. 완성된 '코' 부분을 3번 탭을 이용하여 탱크의 앞면에 붙인다. 전조등(20번 탭)을 열차 전면에 붙인다.
3. 열차의 옆면을 그림과 같이 위, 아래로 접는다. 8번 탭을 맞춰 붙인다. 작은 탭들을 이용하여 계단을 밑으로 접고, 붙인다.
4. 9번, 10번 탭을 탱크의 구멍 속에 밀어 넣는다. 11번, 12번 탭으로 같은 과정을 반복한다.
5. 14~17번 탭을 맞춰 운전석을 만든다.
6. 열차의 꼭대기 부분을 18번, 19번 탭을 사용하여 탱크의 구멍 속으로 밀어 넣는다.

1938 LNER 클래스 A4 4468 맬러드

1. 바퀴를 둥글게 말아 올려 차 바닥과 탱크를 만든다. 1번, 2번 탭을 맞춰 붙인다.
2. 측면을 위로 접고 3번 탭을 붙인다. 4~7번 탭을 밑으로 접고 여기에 해당되는 부품을 붙인다. 8~11번 탭을 탱크의 해당 구멍에 집어넣는다. 운전석을 12번 탭에 붙인다.
3. 보일러 뒷부분에 있는 13~15번 탭, 운전석 지붕 밑에 있는 16번 탭을 맞춰 붙인다. 17번, 18번 탭을 맞춰 붙인다.
4. 19~27번 탭을 맞춰 붙인다. 이것이 곡선 처리된 열차 전면부이다. 28번, 29번 탭을 맞춰 붙인다. 전면부를 밑으로 말고 30번, 31번 탭을 붙인다.
5. 32번 탭을 끼워 맞춘 다음, 그것을 전면부 꼭대기 부분에 붙인다.

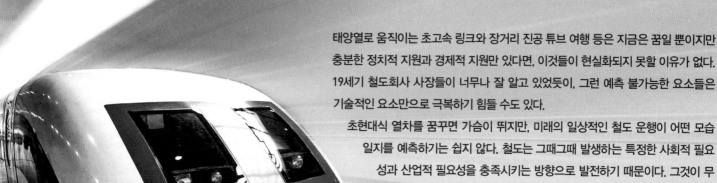

태양열로 움직이는 초고속 링크와 장거리 진공 튜브 여행 등은 지금은 꿈일 뿐이지만 충분한 정치적 지원과 경제적 지원만 있다면, 이것들이 현실화되지 못할 이유가 없다. 19세기 철도회사 사장들이 너무나 잘 알고 있었듯이, 그런 예측 불가능한 요소들은 기술적인 요소만으로 극복하기 힘들 수도 있다.

초현대식 열차를 꿈꾸면 가슴이 뛰지만, 미래의 일상적인 철도 운행이 어떤 모습일지를 예측하기는 쉽지 않다. 철도는 그때그때 발생하는 특정한 사회적 필요성과 산업적 필요성을 충족시키는 방향으로 발전하기 때문이다. 그것이 무엇일까? 연료 공급과 비용 문제는 어떻게 될까? 온난화에 따른 기온 변화, 홍수의 증가, 또는 점점 예측이 힘들어지는

1941 UP 4000 클래스 빅보이

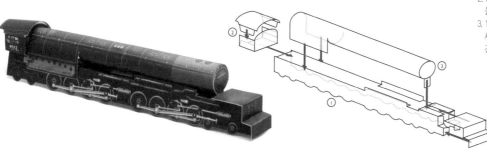

1. 1~6번 탭을 맞춰 붙여 차 바닥을 만든다.
2. 7~10번 탭을 맞춰 붙여 운전석을 만든다. 12번 탭을 맞춰 붙여 운전석을 차 바닥에 연결한다.
3. 12번, 13번 탭을 맞춰 붙여 탱크를 만든다. 14번, 15번 탭을 차 바닥에 써 있는 같은 숫자의 탭에 붙인다. 전면부를 밑으로 접고, 16번 탭을 공간 속으로 밀어 넣은 다음, 밑으로 붙인다.

1941 서던 퍼시픽 클래스 GS-4

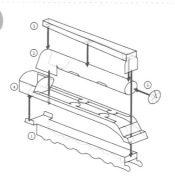

1. 1번, 2번 탭을 맞춰 붙여 차 바닥을 만든다.
2. 3번, 4번 탭을 맞춰 붙여 탱크를 만든다.
3. 앞면과 옆면을 밑으로 접는다. 5번, 6번 탭을 맞춰 붙인다. 7번, 8번 탭을 밑으로 접고 탱크의 꼭대기에 붙인다. 9번, 10번 탭을 맞춰 붙임으로써 탱크를 차 바닥에 붙인다.
4. 11번, 12번 탭을 맞춰 붙여 운전석을 만든다. 13~16번 탭을 탱크에 씌어 있는 같은 숫자의 구멍 속으로 밀어 넣는다. 운전석에 있는 17번, 18번 탭을 맞추고 19번, 20번 탭으로 전면부를 조립한다.
5. 21번 탭을 겹치게 접어 원뿔 모양으로 만든다. 22번 탭을 탱크의 전면부에 붙인다.

1943 뉴사우스웨일스 C-38 클래스

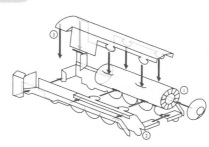

1. 1번, 2번 탭을 맞춰 붙여 탱크를 만든다. 4번 탭을 겹치게 접어 원뿔 모양을 만든 다음 붙인다. 탱크 전면에 있는 탭(3번)에 붙인다.
2. 측면을 위로 접고 5~8번 탭을 탱크의 구멍에 맞춰 넣는다. 9번, 10번 탭을 맞춰 붙인다. 11번, 12번 탭을 측면에 붙이고, 13번, 14번 탭을 붙인다.
3. 15번, 16번 탭을 운전석 지붕에 붙인다. 측면을 밑으로 접고 19~22탭을 탱크 꼭대기의 구멍 속에 밀어 넣는다(반드시 보일러의 가장가리가 측면의 안쪽으로 들어가야 한다). 17번, 18번 탭을 측면에 붙인다.

1945 볼드윈 1000 I/DE

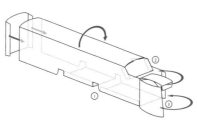

1. 1~4번 탭을 맞춰 붙여 차체를 만든다.
2. 5~7번 탭을 맞추고 붙임으로써 창문을 조립한다.
3. 8~11번 탭을 밑으로 접음으로써 열차의 덮개를 만든다. 8번, 9번 탭은 전면의 패널과 10번, 11번 탭의 뒤에 놓여야 한다. 전면부를 접고 8~12번 탭을 제자리에 붙인다.

기상 상황 등은 수송 분야에 어떤 영향을 끼칠까? 현재 철광석을 비롯한 원자재는 중국같이 급속히 성장하는 경제권에 의해 수요가 폭증하고 있다. 하지만 그런 급속한 경제 성장이 계속 지속될 수 있을까? 지속되지 않는다면, 예컨대 오스트레일리아의 사막이나 사하라 사막을 굉음을 내며 질주하는 장거리 화물 열차들은 미래에 고철 하치장에 처박히는 신세로 전락하지 않을까? 세계 인구 중 절반 이상이 이미 군 단위의 마을, 도시, 혹은 거대한 광역 도시권에 살고 있다. 따라서 앞으로 스카이트랜같이 고속으로 달리는 도시형 교통수단의 중요성이 더 커질 것이다. 반면에 인터넷 접속이 전 세계적으로 급속히 확장되고 있는 걸로 보아, 사람들이 실제로 공부, 일, 또는 사업을 하기 위해 다른 나라로 여행을 할 필요가 있을까? 아마 자기 집에 가만히 있게 되면 열차가 필요 없게 될지도 모른다.

철도의 미래는 많은 미지의 요소들에 달려 있다. 하지만 혼잡한 이 지구라는 행성에서는 앞으로도 공공 철도 운송 시스템이 삶의 중요한 부분으로 남아 있을 것이고, 기술자들은 현명한 해결책을 찾아낼 것이며, 그리고 대중은 앞으로도 여행에 매혹될 것이라는 점만큼은 확실하다.

1946 골든 애로

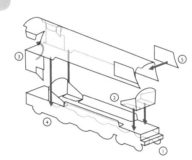

1. 1~6번 탭을 맞춰 붙여 차 바닥을 만든다.
2. 7번, 8번 탭을 맞춰 차 바닥의 앞에, 9번, 10번 탭은 차 바닥의 뒤에 붙인다.
3. 운전석 벽을 측면의 아래로 접어 운전석을 만들고 11번 탭을 지붕에 표시된 같은 숫자의 탭에 붙인다. 지붕에 있는 작은 삼각형을 밑으로 접고 운전석 앞 부분을 여기에 붙인다. 12번 탭으로 같은 과정을 반복한다.
4. 탱크에 있는 13번, 14번 탭을 차 바닥에 맞춰 붙인다.
5. 옆면 패널인 15번, 16번 패널을 탱크의 전면에 붙인다.

1953 사우스 아프리칸 클래스 25NC

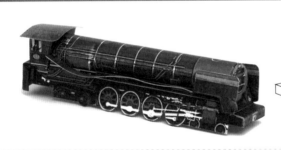

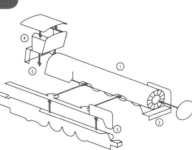

1. 1번, 2번 탭을 맞춰 붙여 탱크를 만든다. 전면을 탱크의 전면에 있는 3번 탭에 붙인다.
2. 4~9번 탭을 맞춰 붙여 열차의 전면을 만든다.
3. 14번, 15번 탭을 탱크의 구멍에 밀어 넣은 다음, 16번, 17번 탭으로 같은 과정을 반복한다. 12번, 13번 탭을 전면에 붙인다. 차 바닥을 10번, 11번 탭에 붙인다. 탱크의 가장자리인 18번, 19번 탭을 차 바닥에 붙인다.
4. 20~25번 탭을 맞춰 붙임으로써 운전석을 만든다.
5. 운전석을 26번, 27번 탭을 이용하여 차 바닥에 붙인다.

1953 도이치 분데스반 V200

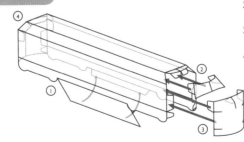

1. 1번 탭을 맞춰 붙여 차체를 만든다.
2. 2번, 3번 탭을 맞춰 붙여 창문을 만든다. 11번, 12번 탭을 창문 꼭대기에 붙인다.
3. 4~9번 탭을 맞춰 붙여 열차의 전면부를 만든다. 10번 탭을 뒤로 접은 다음 붙인다.
4. 13~23번 탭을 갖고 2, 3번 과정을 반복하여 반대쪽 끝 부분을 만든다.

1954 소비에트 P36 골든 이글

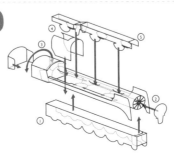

1. 1번, 2번 탭을 맞춰 붙여 차 바닥을 만든다.
2. 3번, 4번 탭을 맞춰 붙여 탱크를 만든다. 끝 부분을 5번 탭을 사용하여 탱크에 붙인다.
3. 6~9번 탭을 맞춰 붙여 운전석을 만든다. 10~13번 탭을 밑으로 접은 다음, 탱크의 해당되는 구멍에 집어넣는다. 탱크의 전면에 있는 15번 탭을 차 바닥의 구멍에 집어넣고 붙인다. 탱크의 바닥을 14번 탭을 풀로 붙인다.
4. 16번 조각을 둘둘 만 다음, 그것을 탱크 위에 놓는다. 이때 반드시 양쪽 끝이 탱크와 측면 사이로 들어가야 한다.
5. 측면을 밑으로 접고, 17~24번 탭을 탱크의 구멍 속에 집어 넣는다. 17번, 18번 탭이 16번 탭을 제자리에 고정시킬 것이다.

용어 설명

EMU(Electrical Multiple Units)
전기를 동력으로 삼아 자체 주행이 가능한 철도 차량으로, 이것이 모여 한 열차를 구성한다.

굴뚝(Smokestack)
증기기관차에서 배기가스를 내보내기 위해 설치된 깔때기 모양의 연통으로, 보일러로 들어가는 외풍을 생성하는 데 도움이 된다.

기계식 디젤기관차(Diesel-mechanical)
자동차처럼 기계식 변속 장치를 사용하는 기관차.

낙타 등(Camelback)
북미식 기관차 설계방식에 의한 시설로, 기관차의 운전석을 중앙의 보일러 위에 위치시키는 게 특징이다. '중앙 운전석' 또는 '허버드 아주머니(영국 동요의 여주인공—옮긴이)'라는 별명으로도 불린다.

디젤전기기관차(Diesel-electric)
주 전동기를 움직일 전기의 발전에 디젤 엔진을 사용하는 기관차.

랙과 피니언(Rack and pinion)
피니언은 톱니바퀴형 제3 궤조와 맞물리게 되어 있는 작은 톱니바퀴를 가리킨다. 기관차와 열차는 이 시설을 이용해 산악 철로에서 급경사를 오를 수 있다.

보기 대차(Truck)
기관차나 객차의 하부에 끼울 수 있는 구조물로서, 축과 바퀴를 장착하여 차량 한 대의 골조를 구성한다.

송풍관(Blastpipe)
증기기관차의 실린더에서 나오는 배기 증기(排氣蒸氣)를 연실(煙室)로 유도하는 파이프. 굴뚝 바로 밑에 있으며, 연소에 필요한 외풍을 증가시키는 역할을 한다.

1957 브리티시 레일 클래스 03 스위처

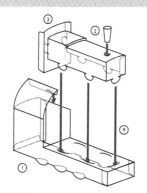

1. 1~7번 탭을 맞춰 붙여 차 바닥과 운전석을 만든다.
2. 8번, 9번 탭을 맞춰 붙여 차체를 만든다. 12번, 13번 탭을 맞춰 붙여 굴뚝을 만든다. 제 구멍에 집어넣는다.
3. 14번, 15번 탭을 각각의 구멍 속에 집어넣는다.
4. 10번, 11번 탭을 운전석 앞 부분에 붙이고, 16~20번 탭은 차 바닥의 구멍 속에 집어넣는다.

1959 티토 플라비 보즈(블루 트레인)

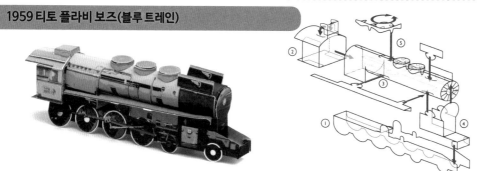

1. 1번 탭을 맞춰 붙여 차 바닥을 만든다.
2. 2~4번 탭을 맞춰 붙여 운전석을 만든다. 측면인 5번, 6번 탭을 밑으로 접은 다음, 그것을 지붕의 구멍 속에 집어넣는다.
3. 7~9번 탭을 맞춰 붙여 탱크를 만든다. 12번과 21번 탭, 그리고 11번과 18번 탭을 맞춘 다음 측면의 구멍 속에 집어넣는다.
4. 10번 탭을 밑으로 접어 전면에 붙이고, 11번, 12번 탭은 탱크의 구멍 속에 집어넣는다. 14~17번 탭을 맞춰 붙여 차 바닥의 전면부를 만든다. 13번과 22번 탭을 차 바닥에 붙인다.
5. 긴 조각 모양으로 돼 있는 세 개의 23번 탭에서 하나를 고른다. 돌돌 말아 끝처럼 만들어 붙인다. 맨 위의 탭들을 밑으로 접고 24번 탭을 그것에 붙인다. 나머지 두 개의 긴 조각으로 같은 과정을 반복한 뒤 탱크의 구멍 속에 집어넣는다. 25번, 26번 탭을 탱크 앞쪽의 구멍 속에 집어넣는다.

1961 브리티시 레일 클래스 55 델틱

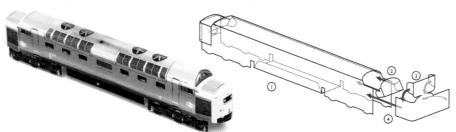

1. 1번 탭을 밑으로 접어 붙여 차체를 만든다.
2. 2번, 3번 탭을 맞춰 붙여 창문을 만든다. 4번, 5번 탭으로 같은 과정을 반복한다.
3. 6번, 7번 탭을 밑으로 접는다. 전면의 측면을 동글게 말고, 6번, 7번 탭을 해당되는 번호를 찾아 붙인다. 열차의 전면부는 이것으로 완성될 것이다.
4. 8번, 9번 탭을 맞춰 붙이고, 전면부를 차체에 붙인다. 10~13번 탭을 갖고 3번, 4번 과정을 반복한다.

1964 뉴욕 시 지하철 R32

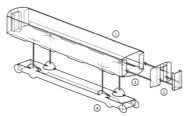

1. 1번 탭을 맞춰 붙여 차체를 만든다.
2. 문을 나타내는 2번, 3번 탭을 뒤로 접는다. 끝에 있는 해당되는 탭들을 안쪽으로 접는다. 문이 뒤에서 삽입되도록, 탭들을 맞추고 붙여야 한다.
3. 4~6번 탭을 맞춰 붙인다. 7~11번 탭을 사용하여 2번, 3번 과정을 반복함으로써 반대쪽 끝을 조립한다.
4. 12~15번 탭을 맞춰 붙여 차 바닥을 만든다. 16~19번 탭을 차체의 바닥에 나 있는 구멍 속에 밀어 넣는다.

승무원실(Guard's van)
화물 열차의 맨 뒤 차량으로 속도를 줄이고 승무원들을 태우는 데 사용된다. 북미 철도회사들은 승무원실을 '카부스(caboose)'라고 부른다.

실린더(Cylinder)
증기 에너지를 운동 에너지로 변환하는 증기기관차의 일부분. 엔진을 구성하는 프레임 안에 장착할 수도 있고, 프레임 외부에 장착할 수도 있다.

안장식 탱크(Saddle tank)
증기기관차의 보일러 위에 설치해놓는 물탱크.

액체식 디젤기관차(Diesel-hydraulic)
엔진에서 나온 에너지가 유압식 변속 장치에 의해 바퀴로 전달되는 디젤기관차.

연관(Fire tubes, 煙管)
기관차 내부에 장착된 파이프를 가리키며, 뜨거운 가스를 밀봉된 물통에 보내, 그것을 증기가 나올 만큼 가열시킨다.

연실(Smokebox, 煙室)
증기기관차에서 보일러 관을 통과한 뜨거운 가스를 굴뚝을 통해 배출하는 장치.

자기부상(Maglev, 磁氣浮上)
열차 추진 시스템의 하나로 전자기를 이용하여 열차를 들어 올린 뒤 밀어내는 식으로 주행한다.

장난감 기차 세트(Trainset)
철도 차량의 집단으로, 이것들을 결합하면 특정 철도회사에서 쓰는 통합된 시설·장비 세트를 구성할 수 있다.

조차장(Marshalling yard)
철도 차량을 분리하고 재편성하기 위해 많은 선로와 선로 변환기를 설치한 넓은 장소.

1969 유니언 퍼시픽 EMD DDA40X

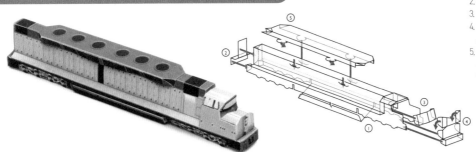

1. 1~4번 탭을 맞춰 붙여 차체를 만든다.
2. 6~9번 탭을 맞춰 붙여 열차 후미를 만든다.
3. 10번, 11번 탭을 맞춰 붙여 창문을 만든다.
4. 12번, 13번 챕을 맞춰 붙여 열차의 앞면을 만든다. 16번, 17번 탭을 밑으로 접고 붙여 덮개를 만든다.
5. 18~21번 탭을 밑으로 접어, 그것들을 각각 해당되는 숫자의 구멍 속에 집어넣는다. 삼각형 모양인 22~25번 탭을 안으로 집어넣고 붙인다.

1976 영국 국철 인터시티 125

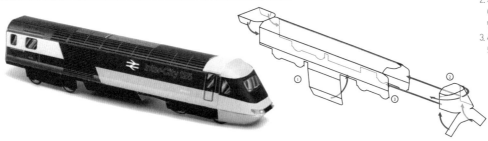

1. 1~3번 탭을 맞춰 붙여 차체를 만든다.
2. 지붕(4번 탭)을 밑으로 접는다. 7번, 8번 탭을 둥글게 접어 5번, 6번 탭이 그것의 뒤에 놓이게 한다. 열차의 코 부분을 밑으로 접고, 9번, 10번 탭을 뒤로 접는다.
3. 4번 탭을 맞춰 지붕에 붙인 다음, 7~10번 탭을 차체의 바깥에 붙인다. 5번, 6번 탭은 붙이지 않는다.

1981 SNCF TGV

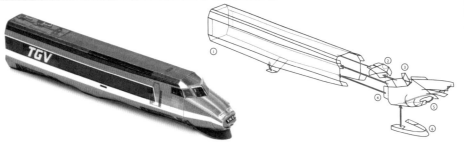

1. 1~6번 탭을 맞춰 붙여 차체를 만든다.
2. 7~10번 탭을 맞춰 붙여 운전석 지붕을 만든다.
3. 11~14번 탭을 맞춰 붙여 운전석 창문을 만든다.
4. 15번, 16번 탭을 밑으로 접고, 맞추고 붙인다. 19번 탭을 맞춰 붙인 다음, 17번, 18번 탭을 사용하여 앞에서 만든 운전석 창문에 붙인다. 20번 탭을 맞춰 붙인다.
5. 21~26번 탭을 맞춰 붙임으로써 열차의 코 부분을 열차의 전면부에 붙인다.
6. 27번, 28번 탭을 접어, 코의 아랫부분에 붙인다.

1982 베니스-심플론 오리엔트 특급

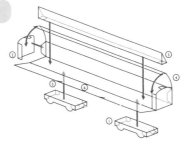

1. 1~4번 탭을 맞춰 붙여 바퀴를 만든다. 5~8번 탭을 대상으로 같은 과정을 반복한다.
2. 9~12번 탭을 맞춰 붙여 열차의 양끝을 만든다.
3. 13번, 14번 탭을 맞춰 붙이고, 15번 탭을 바닥에 붙인다.
4. 지붕을 위로 둥글게 접고, 16~19번 탭을 붙여 그것을 제자리에 고정시킨다.
5. 바퀴들(20번과 21번 탭)을 제자리에 붙인다.
6. 앞부분을 들어올리고 중간의 탭을 지붕 앞부분의 밑에 집어넣음으로써 밀폐된 객차를 완성한다.

콘덴서(Condenser, 응축기)
증기 기관을 더욱 효율적으로 가동시키기 위한 열교환 장치. 응축식 기관차는 물을 회수하고 배기 증기를 감소시키기 위해 이 장치를 사용한다.

클래스(Class)
특정 철도회사에 일괄 납품되고, 동일한 설계방식으로 제작된 일단의 기관차들

탄수차(Tender, 炭水車)
증기기관차의 후미에 위치하며 연료와 물을 운반하는 역할을 한다.

탱크 기관차(Tank engine)
물을 실은 탄수차를 대동하지 않고, 물탱크가 붙어 있는 증기기관차.

터보 과급기(Turbo charger)
엔진 성능을 높이기 위해 장착된 강제 유도 장치.

팬터그래프(Pantograph)
고가 전력선에서 전기를 집전하기 위해 만들어진 장치로, 열차와 시내 전차에 쓰인다.

풀먼식 특별 객차(Pullman)
미국의 풀먼 사 또는 유럽의 유사한 회사들이 제작하고 운영하는 호화 침대차.

플라이휠(Flywheel)
에너지를 저장했다가 에너지 공급이 불규칙할 때에도 바퀴 회전의 연속성을 유지시키는 회전 바퀴.

화실(Firebox, 火室)
증기기관차 내부에서 연료가 연소되는 장치.

화이트식 표기법(Whyte notation)
증기기관차의 바퀴 배열 형태에 따라 열차를 분류하는 표준 방법.

1982 팰리스 온 휠스

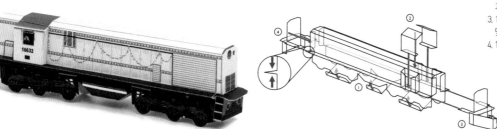

1. 1~3번 탭을 맞춰 붙여 차체를 만든다.
2. 4~7번 탭을 맞춰 붙여 운전석의 한쪽을 만든다. 8~11번 탭으로 같은 과정을 반복한다.
3. 12번 탭을 접고, 맞추고 붙여 열차의 전면부를 만든다. 13~16번 탭을 맞추고 붙임으로써 차체와 결합한다.
4. 17~21번 탭으로 3번 과정을 반복하여 반대쪽 끝을 조립한다.

1984 신칸센(新幹線) 시리즈 100

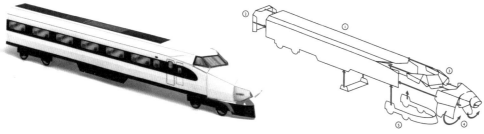

1. 1번 탭을 맞춰 붙여 차체를 만든다.
2. 2~4번 탭을 맞춰 붙여 열차의 후미를 만든다.
3. 6~11번 탭을 맞춰 붙여 창문을 만든다. 작은 삼각형 탭들도 붙인다.
4. 12번, 13번 탭을 맞춰 붙여 열차의 코 부분을 만든다. 그리고 나서 14번, 15번 탭을 맞춰 붙이고, 13번 탭으로 만든 서로 겹치는 작은 삼각형을 붙인다. 16~19번 탭을 맞춰 붙임으로써 코를 차체에 결합시킨다.
5. 20번, 21번 탭을 맞춰 열차의 앞쪽 바퀴들을 만든다.

1988 뉴질랜드 코스털 퍼시픽

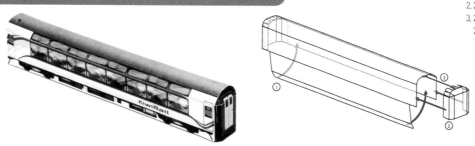

1. 1번 탭을 맞춰 붙여 차체를 만든다.
2. 2~8번 탭을 접어 열차의 전면부를 만든다.
3. 2~8번 탭을 붙여 열차의 한쪽 끝을 만든다. 9~15번 탭을 대상으로 2번, 3번 과정을 반복하여 반대쪽 끝을 만든다.

1992 렌페 아베 고속 열차

1. 1~7번 탭을 맞춰 붙여 차체를 만든다.
2. 8번 탭을 겹치게 하여 원뿔형 코의 앞부분을 만들어 붙인다. 9번 탭을 맞춰 붙인다. 11번, 12번 탭을 맞춰 붙이는 동시에 10번 탭도 붙인다. 14번 탭을 맞춰 붙이는 동시에 13번 탭도 붙인다.
3. 15~17번 탭을 맞춰 붙임으로서 코 부분을 차체에 붙인다.
4. 바퀴들을 접어 18번, 19번 탭에 붙인다.

1994 유러스타 인터내셔널

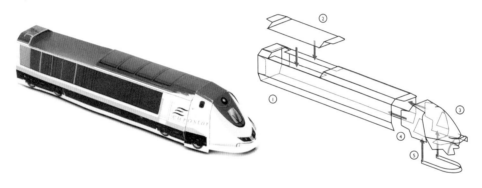

1. 1~3번 탭을 맞춰 붙여 차체를 만든다.
2. 4~7번 탭을 맞춰 붙여 지붕을 완성한다.
3. 8번 탭을 맞춰 붙여 코의 앞부분을 만든다. 9번, 10번 탭을 맞춰 붙인 다음, 11번, 12번 탭을 맞춰 붙여 열차의 전면부를 완성한다.
4. 13~15번 탭을 맞춰 붙여, 전면부를 차체에 결합시킨다.
5. 바닥을 둥글게 감고, 16번, 17번 탭을 맞춰 붙인다.

1996 오스트레일리아 더 간 열차

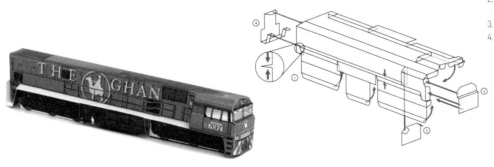

1. 차체를 접은 다음. 1번, 2번 탭을 맞춰 붙인다.
2. 운전석 뒷부분을 열차 바닥을 통과해 밀어 넣은 뒤, 3번, 4번 탭을 맞춰 붙인다. 5번 탭을 붙인다.
3. 6~12번 탭을 맞춰 붙여 열차 전면부를 만든다.
4. 13~15번 탭을 맞춰 붙여 열차의 후미를 만든다. 16번, 17번 탭을 뒤로 접고 붙여 열차의 계단을 만든다.

2004 상하이 자기부상열차

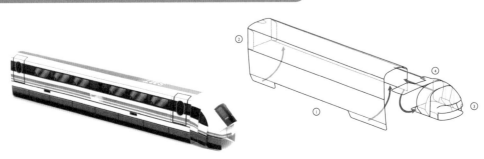

1. 1번, 2번 탭을 맞춰 붙여 차체를 만든다.
2. 3~5번 탭을 맞춰 붙여 열차의 후미를 만든다.
3. 6번 탭을 겹치게 접고 붙여 열차의 맨 앞부분을 만든다. 7번, 8번 탭을 맞춰 붙여 차 바닥을 만드는데, 이때 탭의 겹치는 부분을 붙인다. 9번, 10번 탭을 맞추고 바닥의 조각에 붙이는데, 이때 7번, 8번 조각의 겹치는 부분을 붙인다. 11번, 12번 탭을 차 바닥에 붙이는데, 이때 앞에서 그런 것처럼 겹치는 부분을 붙인다.
4. 13~16번 탭을 맞춰 붙여, 열차 전면을 차체와 결합한다.

2004 웨스턴 오스트레일리아 EMD SD70ACE/LC

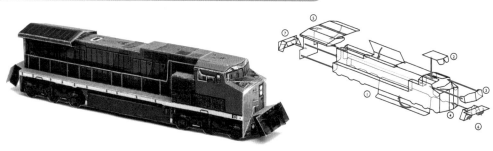

1. 1번, 2번 탭을 맞춰 붙여 차체를 만든다.
2. 3번 탭을 맞춰 붙여 지붕을 만든다.
3. 5~8번 탭을 맞춰 붙여 창문을 만든다.
4. 9~13번 탭을 맞춰 붙여 열차의 전면부를 만든다.
5. 14~16번 탭을 맞춰 붙여 차체의 꼭대기 부분을 만든다. 17~22번 탭을 맞춰 붙여 이것을 지붕과 뒷부분에 붙인다.
6. 23번, 24번 탭을 맞춰 붙여 앞 계단을 만든다. 그리고 이것을 25번 탭을 사용하여 열차 전면부에 붙인다.
7. 26번, 27번 탭을 맞춰 붙여 뒤 계단을 만든다. 그리고 이것을 28번 탭을 사용하여 열차의 뒤에 붙인다.

2006 센트럴 안데스 GE C30-7

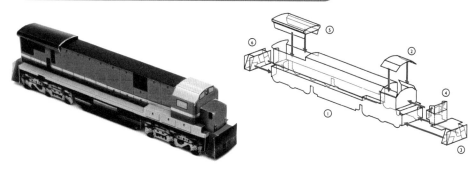

1. 차체를 접은 다음, 1~5번 탭을 맞춰 붙인다.
2. 6번, 7번 탭을 맞춰 붙여 지붕을 만든다.
3. 8번, 9번 탭을 밑으로 접고 붙여 앞 계단을 만든다. 10번, 11번 탭을 맞춘 다음, 전면에 붙인다.
4. 12번, 13번 탭을 맞춰 붙여 덮개를 만든다. 전면에 있는 14번, 15번 탭을 맞춘다.
5. 지붕의 뒤를 접고 작은 탭을 이용하여 끝 부분을 붙인 다음, 16번, 17번 탭을 차 바닥의 안쪽에 붙인다.
6. 18~21번 탭을 접고, 맞추고, 붙여 뒤 계단을 만든다. 차 바닥에 있는 22번, 23번 탭에 붙인다.

2012 일본철도 HD300

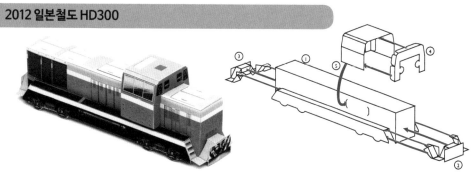

1. 1~4번 탭을 맞춰 붙여 차체를 만든다.
2. 6번 탭을 앞으로 접고, 7번 탭은 뒤로 접는다. 6번 탭을 차체의 바깥에 붙이고, 7번 탭은 바퀴 밑에, 5번 탭은 그 중간에 붙인다. 반대쪽도 8~10탭을 이용하여 똑같이 조립한다. 11번 탭을 전면에 붙이고, 12번, 13번 탭을 맞춰 붙인다.
3. 14~22번 탭을 갖고 2번 과정을 반복하여 반대쪽 끝을 조립한다.
4. 23~31번 탭을 맞춰 붙여 운전석을 만든다.
5. 32~35번 탭을 해당하는 구멍에 각각 집어넣음으로써 운전석을 차체에 연결시킨다.

PICTURE CREDITS

Key: m = middle, t = top, l = left r = right

Photographs
AKG IMAGES: p19 t / p23 t / ullstein bild p39 t, p40 tr / RIA Nowosti p65 t ALAMY: Pictorial Press Ltd p4 mr / Cindy Hopkins p10 tr / The Art Archive p11 t / Nelson Pereira p13 t / Antiques & Collectables p14 tr / Rick Pisio\RWP Photography p15 t / Stephen Saks Photography p17 t / rrfan p25 t, p51 t, p52t / Paul Briden p32 tr / Classic Stock p41 t / Danita Delimont p46 tr, p84 mr / Jack Sullivan p50 mr / Patrick Nairne p59 t / INTERFOTO p64 tr / Colin Underhill p68 tr / David Grossman p74 tr / Andalucia Plus Image Bank p76 t / Elmtree Images p77 t / Mark Dyball p79 t / AF Archive p82 t / indiapicture p83 t / Steve Allen Travel Photography p85 t / Jose Manuel Revuelta Luna p90 t / TravelscPE Images p93 t BRIDGEMAN ART LIBRARY: Peter Newark American Pictures p8 mr / Universal History Archive/UIG p30 tr CORBIS: Michael Nicholson p5 t / Bettmann p9 t / Jane Sweeney/JAI p21 t / Hulton-Deutsch Collection p36 mr / Steve Vidler p78 mr / Gavin Hellier/JAI p86 t / Imagechina p95 t / Tsutomu Takahashi/amanaimages p102 mr DE AGOSTINI PICTURE LIBRARY: p26 mr / p43 t / p44 t / p45 t / p60 t / UIG p75 t / BLOOMBERG p1 t GETTY IMAGES: SSPL p1 t, p3 t, p12 tr, p35 t, p47 t, p49 t NEVADA STATE RAILROAD MUSEUM: p31 t SHUTTERSTOCK: Stuart Monk p48 mr / Peter R Foster IDMA p103 / Konstantin Sutyagin p104 / Mikael Damkier p105 / Paul Matthew Photography p106 / hxdyl p107 / hxdyl p109 / zhangyang13576997233 p110 SKYTRAN: Image courtesy of www.skytran.us p108 WIKIPEDIA: ChrisO p1 tr, p80 t / Fraselpantz p2 t, p92 tr / Swinsto99 p6 mr / Andrew J. Russell p16 mr / DEMIS Mapserver p18 tl, p66 tr, p93 ml / BlueFish p20 tr / Soumyasch p22 tr / Chriusha/Xpiowa p24 mr / p7 t / Ernest Gasser p28 tr / Harveyqs p29 t / p33 t / Detroit Publishing Co., Library of Congress p34 mr / Alex Alex Lep p37 t, p57 t / p38 mr / Walter M. Matuch p42 tr / PH2 Masnica, U.S. Navy p53 t / Thomas S. Tullis p54 tr / Wolfeweb p55 t / Photographic Collection NSW p56 mr / p58 tr / Malcolm Best p61 t / Andrew Best p62 mr / Hugh Llewelyn p63 t / Opimist on the run p67 t / Bdx p69 t, p70 mr / Phil Sangwell p71 t / Chowells p72 t / Fan Railer p73 t / Tangopaso p81 t / Mathew 23185 p87 t / Jer.dv p88 tr / Fedekuki p89 t / Mike Young p94 t / Wikidapit p96 t / Bahnfrend p97 t / Bäras p98 tr / Kabelleger/David Gubler p99 t, p100 t / Rs1421 p101 t

Illustrations
STEFANO AZZALIN: p45 b / p46 ml / p46 b / p49 b / p50 ml / p50 b / p51 b / p51 m / p51 b / p63 b / p64 m / p64 b / p67 b / p68 ml / p68 b NIGEL CHILVERS: p53 b / p54 ml / p54b / p75 b / p76 m / p76 b / p89 b / p90 m / p90 b / p99b / p100 m / p100 b MAT EDWARDS: p3 b / p4 ml / p4 b / p5 b / p6 ml / p6 b / p7 b / p8 ml / p8b / p11 b / p12 ml / p12 b / p15 b / p16 ml / p16 b / p17 b / p18 ml / p18 b / p19 b / p20 ml / p20 b / p29 b / p30 ml / p30 b / p35 b / p36 ml / p36 b / p39 b / p40 m / p40 b / p43 b / p44 b / p47 b / p48 ml / p48 b / p55 b / p56 ml / p56 b / p59 / p60 m / p60 b / p61 b / p62 ml / p62 b / p65 b / p66 ml / p66 b / p69 b / p70 ml / p70 b / p93 b / p94 m / p94 b / p97 b / p98 ml / p98 b JERRY PIKE: p9 b / p10 ml / p13 b / p14 ml / p14 b / p21 b / p22 m / p22 b / p23 b / p24 ml / p24 b / p25 b / p26 ml / p26 b / p27 b / p28 ml / p28 b / p31 b / p32 ml / p32 b / p33 b / p34 ml / p34 b / p37 b / p38 b / p41 b / p42m / p42 b / p57 b / p58 ml / p58 b / p71 b / p72 ml / p72 b / p73 b / p74 m / p74 b / p77 b / p78 ml / p78 b / p79 b / p80 m / p80 b / p81 b / p82 m / p82 b / p83 b / p84 ml / p84 b / p85 b / p86 m / p86 b / p87 b / p88 m / p88 b / p91 b / p92 m / p92 b / p95 b / p96 m / p96 b / p101 b / p102 ml / p102 b

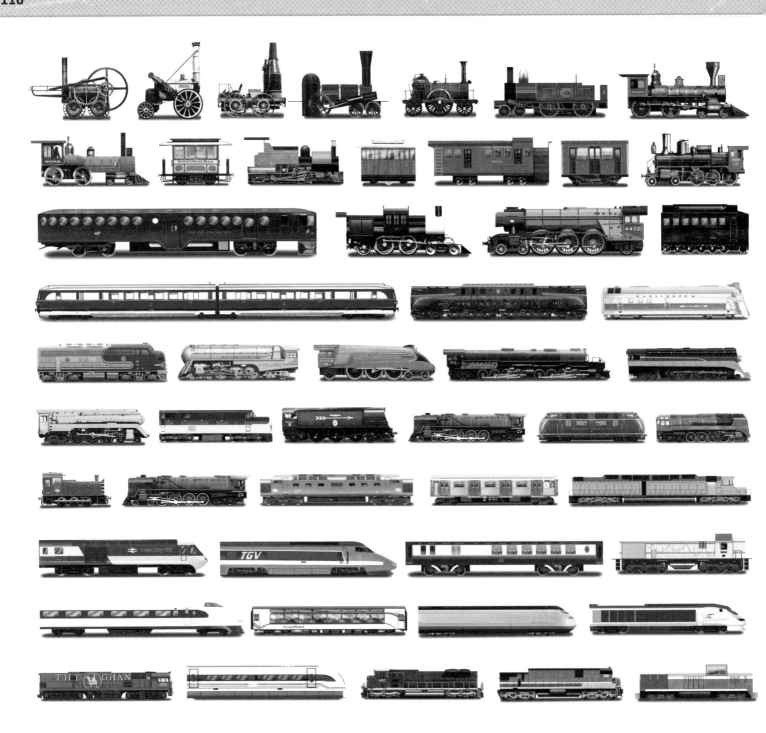